Titelbild: Das Sonnentor von Tiahuanaco (Foto: Jürgen Hutmann)

FSC
www.fsc.org
MIX
Papier aus ver-
antwortungsvollen
Quellen
Paper from
responsible sources
FSC® C105338

Als die Götter Menschen waren

Die Vorgeschichte der Menschheit nach antiken Quellen dargestellt

Vorwort Alexander Knörr

Bibliografische Information der Deutschen Nationalbibliothek: Die Deutsche Nationalbibliothek verzeichnet diese Publikation in der Deutschen Nationalbibliografie; detaillierte bibliografische Daten sind im Internet über www.dnb.de abrufbar.

© 2014 Peter Nowak
Herstellung und Verlag:
BoD – Books on Demand Norderstedt

ISBN: 978-3-7347-4290-3

„Wer die Vergangenheit kontrolliert, kontrolliert die Zukunft“
(George Orwell: »1984«, erster Teil, 3. Kapitel)

„Die Vergangenheit zieht sich zusammen. Die Zukunft dehnt sich aus.
Zusammenziehen und Ausdehnen wirken aufeinander, und so entsteht
das Förderliche“ (»I Ging«, 2. Abteilung, Kapitel 5, § 2)

Inhalt:

1. Vorwort von Alexander Knörr 8

2. Vorwort des Verfassers 10

3. Ein kurzer Überblick über die Vorzeit 12

4. Das Zeitalter von Kumari Kandam 47

5. Die Sangam Universitäten 54

6. Der Untergang von Kumari Kandam 58

7. Die Folgen des Impaktes 67

8. Das Umkippen der Erde 75

9. Agharti 84

10. Agharti bei den Babyloniern 93

11. Die Änderungen des Tierkreises 102

12. Der Fehltritt Pans 112

13. Die Spaltung der vedischen Kultur 120

14. Agharti in den Prophezeiungen 132

15. Die Prophezeiungen in der »Bibel« 139

16. Danksagung 147

17. Quellenverzeichnis 149

Vorwort von Alexander Knörr

Ich habe selten jemanden getroffen, der ein dermaßen profundes Wissen aus alten Schriften vorweist, wie Peter Nowak. Oft habe ich ihn bei Vorträgen anderer Forscherkollegen erlebt, wie er aus dem Stand mit Zitaten hervorprescht und sich an ganz spezielle Textpassagen der ältesten und außergewöhnlichsten Schriften unserer Vorfahren erinnert. Dieses immense Wissen fußt auf einer jahrelangen, steten Recherche und Einarbeitung in ein Thema, das vielen vielleicht sehr trocken vorkommt. Doch Peter Nowak verliert sich in den alten Texten und hat die Gabe, aus diesen die wichtigen Passagen zusammenzufassen und neu zu interpretieren.

Und in diesem Buch widmet er sich genau diesen Texten und versucht die verschiedenen Textstellen auf Gemeinsamkeiten abzuklopfen, die eine frühe vorgeschichtliche Katastrophe belegen, die von einem interplanetaren Impakt hervorgerufen wurde.

Peter Nowak nimmt uns mit in die altindischen Veden, in das Zeitalter von Kumari Kandam, und den Sangam Universitäten. Zurück in die Zeit, in der die Götter auf der Erde wandelten und die Menschen unterrichteten. Wir erfahren in diesem Buch, dass die Überlieferungen aus dem alten Indien mit denen des Gilgamesch-Epos oder auch mit alten chinesischen Schriften identisch sind.

In einer haarkleinen Analyse zeigt Peter Nowak auf, dass es eine Verschiebung der Erdachse gegeben haben muss. Denn diese ist in alten Legenden und Schriften der Chinesen, Tibeter, der Hopi Nordamerikas als auch der Maya Südamerikas festgehalten. Die Parallelen sind enorm und der Exkurs, den der Autor fährt, sehr spannend. Nowak zeigt uns anhand von Textpassagen des Gilgamesch-Epos, das selbst die Götter die Flut, die mit diesem Impakt einher ging, fürchteten. Und damit beweist er sehr wohl, dass diese Götter keine wirklichen Götter, sondern Wesen aus Fleisch und Blut waren. Wesen, die eben nicht allmächtig waren, die verletzbar und sterblich, und damit nicht feinstofflich, sondern körperlich existent waren. Er zeigt auf, dass diese Erzählungen eben nicht frei erfunden sind, denn ansonsten hätte man die Götter ehrenhafter und einfach „göttlicher" dargestellt.

Peter Nowak spannt mit diesem Werk einen Bogen von der fernen Vergangenheit bis in unsere Zukunft und beleuchtet die Wege der Götter von Einst.

Ich möchte gar nicht noch mehr auf den Inhalt dieses Buches eingehen, denn Sie sollen vom Autor selbst erfahren, wie er auf die Annahmen kam, die er dort trifft.

Dieses Buch schafft meiner Meinung nach den Spagat zwischen Wissenschaftlichkeit und allgemeiner Verständlichkeit. Wir werden darin überhäuft von wichtigen Informationen, die jedoch gut zu verstehen sind und die uns regelrecht gefangen nehmen.

Ich kann Peter Nowak nur danken für diese wichtige und wunderbare Arbeit!

Ihr

Alexander Knörr

Vorwort des Verfassers

Diese Schrift beinhaltet den Stand meiner Forschung zur Vorgeschichte der Menschheit, wie sie sich aus den alten Quellen ergibt. Ich bin mir nicht sicher, ob das überhaupt irgendjemanden interessiert, deshalb wollte ich es ursprünglich als E-Book veröffentlichen. Aus technischen Gründen habe ich schließlich davon abgesehen, die kompakte Darstellungsweise aber beibehalten. Die Informationsdichte ist deshalb, gemessen an anderen, selbst wissenschaftlichen Publikationen, sehr hoch, was sicherlich für die Leserinnen und Leser ungewohnt und vielleicht sogar unangenehm ist, denn es erfordert eine hohe Aufmerksamkeit beim Lesen. Ich bitte dafür um Entschuldigung, aber da ich nicht annehme, dass dies ein Bestseller wird, scheint es mir für die Interessenten an dieser Thematik durchaus ein vertretbares Vorgehen. Bietet es doch für die Leserin und den Leser auf der anderen Seite zumindest den Vorteil, sich nicht tage- oder gar wochenlang durch einen Wust von Worten mit wenig Inhalt (oder neudeutsch: „Content") kämpfen zu müssen.

Der Inhalt dieses Buches ist semi-wissenschaftlich, das heißt, er orientiert sich an einer wissenschaftlichen Darstellungsweise, wendet sich aber nicht an ein wissenschaftliches Publikum. Für die Leserinnen und Leser bedeutet dies, dass jeweils die ersten mir bekannten Quellen einer Aussage angeführt werden, wobei die Zahlen in den eckigen Klammern auf die Endnoten am Ende des Buches verweisen, in denen diese Quellen in der Reihenfolge ihres Auftretens aufgelistet sind. Dieses Vorgehen bietet den Vorteil, den Text kurz zu halten, weil nicht jedes Mal der Autor und/oder der Buchtitel genannt werden muss. Außerdem wird nicht jede Leserin und jeder Leser daran interessiert sein, zu erfahren, wer eine Aussage in welchem Buch geschrieben hat. Andererseits wurden die Zitate in vielen Fällen von mir selbst übersetzt. Für ein wissenschaftliches Publikum wäre das natürlich nicht notwendig, denn bei einem solchen könnte man die Kenntnis des Sachverhaltes bzw. den problemlosen Zugriff auf die Quelle voraussetzen.

Dieses Buch kann aber nach dem heutigen Verständnis dennoch nicht als „wissenschaftlich" angesehen werden, weil ihm die faktische Bestätigung durch archäologische Funde fehlt. Es ist nur eine Zusammenfassung der verschiedenen Überlieferungen der Völker über die Vorzeit, wobei ich persönlich die

Übereinstimmungen und Ergänzungen als Indiz für die Geschichtlichkeit des Dargestellten nehme. Hinzu kommt aber, dass die heutige >Wissenschaft< offensichtlich keinen Wert mehr auf „Vorurteilsfreiheit" und „Reproduzierbarkeit der Ergebnisse" legt, denn sie lehnt z.B. antike Altersangaben aus dem einzigen Grund ab, dass sie ihr „unglaubwürdig" **erscheinen**. Stattdessen setzt sie auf den „Konsens", also die übereinstimmende **Meinung** der >Wissenschaftler<. Dazu bemerkte aber schon Sokrates in Platons Dialog »Laches« 184e: „nach Sachkenntnis, nicht nach Mehrheit, muss entschieden werden, was gut entschieden werden soll". Daher wird diese Art >Wissenschaft< (der ich nicht angehöre und von der ich mich distanziere!) den Inhalt dieser Arbeit sicherlich als >wertlos< betrachten.

Es handelt sich also nicht um Geschichte im eigentlichen Sinn, sondern um eine zusammenhängende Wiedergabe der antiken Darstellung vom Verlauf der Vorgeschichte der Menschheit. Es bleibt den Leserinnen und Lesern überlassen, ob sie, wie ich, die Übereinstimmungen und Zusammenhänge als Indizien dafür ansehen, dass es sich um tatsächliche Begebenheiten in grauer Vorzeit handelt. Überraschenderweise ergab sich aber bei dieser Untersuchung auch ein Zusammenhang zu einigen Weissagungen, die mir zu wichtig erschienen, um sie zu übergehen. Immerhin ergibt sich daraus, dass wir dem Ende unseres Zeitalters vielleicht viel näher sind, als gemeinhin angenommen wird.

Wie auch immer es sich damit verhalten mag, wir (die Menschen) haben ein Recht darauf, unsere wahre Geschichte zu kennen, egal wie sie aussieht und ob sie uns gefällt oder nicht, denn nur so werden wir daraus die Lehren für die Zukunft ziehen können. Ich hoffe daher, dass dieses Buch zumindest ein Schritt in dieser Richtung ist, denn es ist ja, zumindest meines Wissens, in dieser Hinsicht der erste Versuch. Wer uns unsere Geschichte vorenthält oder sie gar bewusst fälscht (wie dies bei einigen Historikern der Fall ist), beraubt uns unserer Chance auf eine bessere Zukunft und muss als Feind der Menschheit betrachtet werden.

Peter Nowak

Ein kurzer Überblick über die Vorzeit

Die Vorgeschichte der Menschheit ist jener Bereich, von dem uns nur noch Mythen berichten, die meist mehr oder weniger als erfundene Märchen betrachtet werden. Gewöhnlich wird nämlich stillschweigend vorausgesetzt, dass die Geschichte der Menschheit linear verlief und eine ständige Höherentwicklung von einfachen Anfangen bis zu unserer >Höhe der Kultur< war. Dieser Vorstellung widerspricht aber nicht nur die Mythologie eines Volkes, sondern die aller Völker! Mehr noch, die mythologische Überlieferung der Völker stimmt teilweise überein und ergänzt sich teilweise, wie schon Nicholas Roerich (1874 – 1947) in »Shambhala« richtig feststellte:

„In ausgedehnten und verschiedenen Richtungen sprechen die Menschen von den gleichen Tatsachen. Aber durch ihr zueinander in Beziehung setzen könen sie leicht sehen, dass es nur Kapitel der einen Geschichte sind" ([1], Seite 211, eigene Übersetzung aus dem Englischen).

Diese Tatsachen scheinen mir deutlich dafür zu sprechen, dass es sich nicht um Erfindungen unserer Vorfahren handelt, sondern um die Überlieferung tatsächlicher Begebenheiten.

Mein Einstieg in die Welt der >Mythen< war naturgemäß die griechisch-römische Überlieferung, denn sie ist die für unseren Kulturkreis bestimmende. Aber schon der griechische Historiker Herodot (ca. 484 – 425 v.Chr.) weist in seinen »Historien« II, 50 darauf hin, dass die griechische Überlieferung zumindest teilweise auf der ägyptischen beruht ([2] Band 1, Seite 149). Nur bei ihm findet sich in »Historien« II, 43 auch ein Datum für den Wechsel in der Götterherrschaft von der Dynastie um Kronos (von den Griechen „Titanen" genannt) zu der von Zeus (von ihnen „Olympier" genannt):

„Und wie sie" [*die Ägypter, P.N.*] „selber sagen, sind es von der Zeit, als aus den acht Göttern die zwölf hervorgingen, unter die sie Herakles zählen, siebzehntausend Jahre bis zur Regierung des Amasis." ([2] Band I, Seite 145, Text von mir redigiert).

Das wäre etwa 17.500 vor Christi Geburt und liegt zwar weit vor unserer geschriebenen Geschichte, jedoch ist damit offenkundig ein historischer Anspruch verknüpft, denn in einer erfundenen Mythologie bräuchte man keine Daten. Die Zahl der acht Götter ergibt sich durch die von dem ägyptischen Priester Manetho (ca. 3. Jahrhundert v.Chr.) erwähnten ersten herrschenden Götter Ägyptens (siehe hier Seite 16 f.). Dieser Übergang der acht zu den zwölf Göttern betrifft aber, auf die uns geläufigere griechische >Mythologie< übertragen, den Sturz von Kronos (ägyptisch: Geb) und der Titanen (ägyptisch: Netheru) und die Machtübernahme durch die olympischen Götter um Zeus (ägyptisch: Ammon). Diese fand nach »Theogonie« 636 des griechischen Dichters Hesiod (ca. 750 – 650 v.Chr.) im Gefolge eines zehnjährigen Krieges statt ([3], Seite 99). Es handelt sich dabei in der vedischen Literatur um den Krieg zwischen Devas (den olympischen Göttern) und Asuras (den Titanen) im Zusammenhang mit dem Quirlen des Milchozeans" (siehe hier Seite 65). Letztere scheinen mit den „Azaras", auch „Mahatmas genannt" ([4], Seite 302; 384 ff.), identisch zu sein, obwohl Nicholas Roerich dazu schreibt, dies sei kein Sanskrit Wort ([4], Seite 302). Sie selbst nennt er aber „sehr groß" ([1], Seite 16; [4], Seite 303; 381 und 393) und „mit langen Haaren und Bärten" „äußerlich wie Hindhus" erscheinend, seien sie noch bis zum Ende des 19. oder Anfang des 20. Jahrhunderts gesehen worden ([1], Seite 16 f.).

Der Sturz der Titanen wird auch in »Ilias« V, 898 des griechischen Dichters Homer (7. oder 8. Jahrhundert v.Chr.) angesprochen:

> „Traun, Du lägest schon längst tief unter den Uranussöhnen
> {oder: „Himmelssöhnen"}"
> ([5], Seite 98, Text von mir redigiert).

»Ilias« XIV, 203 – 204 macht die Bedeutung klar:

> „ ... als der waltende Zeus den Kronos
> unter die Erde und die Flut des verödeten Meeres verstieß"
> ([5], Seite 243, Text von mir redigiert).

Und in »Ilias« XIV, 278 - 279 heißt es, Hera

> „... schwur, wie jener begehrte, und rief all die Götter
> im Tartarus unten, die mit dem Namen ‚Titanen' benannt sind"
> ([5], Seite 245, Text von mir redigiert).

Doch dieses Ereignis wird auch im »2. Petrusbrief«. 2, 4 der »Bibel« behandelt:

„... denn wenn der Gott Engel, welche gesündigt hatten, nicht verschonte, sondern, sie in den Tartaros {oder nach einer anderen Handschrift: den tiefsten Abgrund} hinabstürzend, Ketten der Finsternis überlieferte, <um> für das Gericht aufbewahrt <zu werden> ..." ([6], Seite 895, Text von mir redigiert, in spitzen Klammern Hinzufügung in der Quelle).

Daraus folgt eindeutig die Deckungsgleichheit der Begriffe „Himmelssöhne", „Götter", „Titanen" und „Engel", weiter aber auch der Begriffe „Söhne Elohims", „Nephilim", („Anunaki"), und „Wächter" (siehe hier Seite 27). Ebenso folgt daraus zwingend, dass der Jahweh der »Bibel« niemand anders als Zeus sein kann. Daraus ergibt sich aber auch deutlich die Übereinstimmung der jüdischen und christlichen Überlieferung mit der sogenannten griechischen >Mythologie< und damit zumindest die wahrscheinliche Geschichtlichkeit des Dargestellten. In diesem Zusammenhang ist noch darauf hinzuweisen, dass die Gemeinsamkeit der apokryphen [das heißt: verborgenen, nicht im Ritus benutzten] Bücher des »Alten Testamentes« darin zu bestehen scheint, dass sie Angaben zu den Engeln machen, die nicht der Allgemeinheit zugänglich sein sollten. Daraus lassen sich nämlich Rückschlüsse ziehen, die insbesondere Jahweh, aber auch das »Neue Testament« betreffen und absolut nicht positiv ausfallen.

Nun beruht das Datum des Sturzes der Titanen aber auf ägyptischen Quellen, wie dies auch bei den Daten des von Platon (428/27 – 348/47 v.Chr.) überlieferten Atlantis-Berichtes von Kritias (460 – 403 v.Chr.) der Fall ist. Die Fragmente nach dem ägyptischen Priester Manetho (ca. 3. Jahrhundert v.Chr.) überliefern jedoch in den Schriften anderer antiker Autoren, dass die Ägypter die Geschichte in vier Perioden teilten:

- Die Zeit der Götter (ägyptisch „Netheru" genannt),
- die Zeit der Göttersprösslinge,
- die Zeit der Totengeister und
- die Zeit der menschlichen Herrscher (Pharaonen).

Nach E.A.E. Reymond war die Zeit der Götter jedoch nur „eine Wiedergeburt und Wiederherstellung des verschwundenen heiligen Ortes" der Schöpfung ([7], Seite 134). Aus genau diesem Grund wird Agni, - nach »Yajurveda Samhita« 3, 12 (77) „das Haupt" (der Erste) der vedischen Götter ([8], Seite 28) und identisch mit Ptah, dem ersten ägyptischen Gott (siehe hier Seite 16) - ‚in 2, 7 (38) als „Gewinner der Beute“ bezeichnet ([8], Seite 16). In den Fragmenten nach Manetho beginnt im Anschluss an die Herrschaft der acht titanischen Götter die Zeit der Göttersprösslinge und Totengeister. Die Zeit der Göttersprösslinge („Olympier“) begann aber, wie gesehen, nach Herodots »Historien« II, 43 etwa 17.500 v.Chr. ([2] Band I, Seite 145). Apollodor (2. Jahrhundert v.Chr.) sagt in seiner »Mythologischen Bibliothek« 1.2.1 über die Zeit nach dieser Machtübernahme:

> „Sie selbst aber” [*das heißt: Zeus, Poseidon und Hades, P.N.*] „losten um die Macht, wobei Zeus die Herrschaft im Himmel, Poseidon die im Meer *<und>* Pluto” [*das heißt hier: Hades, P.N.*] „die im Hades zufiel“ ([9], Seite 29, Text von mir redigiert, in spitzen Klammern Einfügung von mir).

Das ist der Beginn der Zeit von Atlantis, wie sich aus Platons Dialog »Kritias« ergibt, wo Kritias zunächst in 109b sagt:

> „Die Götter verteilten nämlich einst die ganze Erde nach ihren einzelnen Gegenden unter sich, und zwar ohne Streit …“ ([10], Seite 439).

Und in »Kritias« 113c ergänzt er dann:

> „Wie im Obigen erzählt wurde, dass die Götter die ganze Erde unter sich teils in größere, teils in kleinere Teile verteilt und sich selbst ihre Heiligtümer und Opferstätten gegründet hätten, so fiel auch Poseidon die Insel Atlantis zu ...“ ([10], Seite 451, Text von mir redigiert).

Diese Zeit der Göttersprösslinge scheint dann nach Platon mit dem Untergang von Atlantis zwischen 9500 v.Chr. (nach »Kritias« 108e dem Datum des Krieges von Atlantis gegen Ur-Athen) und 8500 v.Chr. (nach »Timaios« 23e, vergleiche 25c, dem Datum der Neugründung Ägyptens) geendet zu haben ([10], Seite 437 und 229). Danach hätte die Zeit der Totengeister begonnen, was nach der Flut, in der Atlantis unterging, auf jeden Fall Sinn macht. Eusebius von Cäsarea (260/64 – 337/40 n.Chr.) gibt in der armenischen Fassung seiner »Chronik« im Fragment 1 nach Manetho für die Zeit der Göttersprösslinge und der Totengeister zusammen 13.900 Jahre Dauer an ([12], Seite 5 und [11], Seite 131). Dabei wird der letzte Herrscher dieser Ära „Bitis“ genannt. Zieht man jedoch von dem Datum 17.500 v.Chr. (vergleiche hier Seite 12) diese 13.900 Jahre der Göttersprösslinge und

Totengeister ab, so ergibt sich etwa das Jahr 3600 v.Chr. als Beginn der Herrschaft der menschlichen Pharaonen Ägyptens. Dieses Datum bildet also bei den Ägyptern den natürlichen Endpunkt der Vorzeit.

Gemäß Fragment 1 nach Manetho in der armenischen Fassung der »Chronik« von Eusebius von Cäsarea herrschten die Totengeister und Göttersprösslinge zusammen 5813 Jahre ([12], Seite 5). Nimmt man diese Göttersprösslinge dabei, im Gegensatz zu den vorherigen Göttersprösslingen, als Nachkommen der Olympier und zählt man die 5813 Jahre zu den oben errechneten 3600 Jahren v.Chr. hinzu, so kommt man in das Jahr 9413 v.Chr. als Jahr des Unterganges von Atlantis. Dieses Datum liegt auf jeden Fall innerhalb des Zeitfensters für seinen Untergang (vergleiche hier Seite 15) und markiert, wenn es denn stimmt, den Übergang von der Herrschaft der Göttersprösslinge zu der der Totengeister, die danach herrschten. Unter anderem spricht auch dafür, dass Dvaraka, die letzte Residenz von Krishna, zwar rund 96,5 km vom Meer entfernt lag ([13], Seite 68), aber von einem Tsunami dauerhaft überschwemmt wurde ([13], Seite 69). Dieser folgte auf den Krieg von Kurukshetra, wie der Untergang von Atlantis auf dessen Krieg gegen Ur-Athen. Dem geht aber nach »Mahabharata« 6.100.28 der Einschlag eines Meteors voraus ([14] Vol. 4, Seite 337), wie dies auch in Platons »Timaios« 22c durch die Phaëton-Geschichte angedeutet wird ([10], Seite 221).

In der obigen Darstellung fehlt nun noch das Datum des Beginns der Götterherrschaft über Ägypten. Auch dieses ist nirgends mehr angegeben und lässt sich nur noch aus den vorhandenen Quellen berechnen. Nach »Geschichtsbibliothek« 1, 26 des griechischen Historikers Diodor (1. Jahrhundert v.Chr.) sind es von der Herrschaft des Sonnengottes (ägyptisch: Amun-Rê) bis zu Alexanders des Großen (356 – 323 v.Chr.) Übergang nach Asien etwa 23.000 Jahre ([15] 1. Buch, Seite 43). Das führt uns ungefähr in das Jahr 23.500 v.Chr. Der Sonnengott Amun Re ist jedoch, den Angaben in den Fragmenten nach Manetho zufolge, der zweite der zuerst herrschenden acht Götter Ägyptens. Diese Götterdynastie besteht aus den Göttern:

1. Ptah (falsch mit Hephaistos gleichgesetzt, der erst ein Nachkomme von Zeus ist; vermutlich entspricht er Prometheus, der den Menschen das Feuer gab),

2. Amun („der Verborgene"; griechisch Uranus; ursprünglich aber wahrscheinlich ägyptisch Nun, griechisch Okeanos, da dann die ersten vier Götter für Feuer, Wasser, Luft und Erde stehen würden, was die Herkunft des Glaubens der Griechen an die vier Elemente, eigentlich Grundzustände, wissenschaftlich: Aggregatzustände, erklären würde),
3. Schu (griechisch: Aeolos),
4. Geb (griechisch: Kronos),
5. Osiris (eigentlich Saturn, der aber falsch mit Kronos gleichgesetzt wird),
6. Seth (falsch mit Typhon gleichgesetzt),
7. Isis (griechisch: die himmlische Aphrodite) und
8. Horus (falsch mit Apollon gleichgesetzt),
(siehe hier Tabelle 1).

Dazu schreibt Diodor in »Geschichtsbibliothek« I, 44:

„Sie" [*das heißt: die Ägypter, P.N.*] „erzählen, dass über Ägypten zuerst Götter und Heroen geherrscht hätten, und zwar nicht viel weniger als achtzehntausend Jahre, und der letzte göttliche König sei Horus, der Isis Sohn, gewesen" ([**15**] 1. Buch Seite 70, Text von mir redigiert).

Die „nicht viel weniger als 18.000 Jahre" (vergleiche dagegen unten Tabelle 1) ergeben sich offenbar aus der Annahme von 36.000 v.Chr. als Datum der großen Flut, das auch Paul Schnabel (1887 – 1947) ohne Quellenangabe verwendet ([**16**], Seite 176). Vielleicht ist es aus der Auf- und Ab-Bewegung des Orion (siehe hier Seite 110 f.) zurück berechnet. Von diesem Datum bis 17.500 v.Chr. sind es „nicht viel weniger als 18.000 Jahre". Diese ersten herrschenden Götter Ägyptens werden von den Ägyptern „Netheru", von den Griechen „Titanen", in der Bibel „Engel" und von den vedischen Texten „Daityas" genannt. Mit dem Sieg der Devas („Olympier") unter Indra (Zeus) wurden sie zu „Asuras" (das heißt: Dämonen) erklärt, wie dies ja auch bei den Griechen mit den Titanen um Kronos geschah.

Vor Amun-Rê herrschte als erster Gott Ptah (vedisch: Agni, der in »Krishna (Schwarzem) Yajur Veda« 2.5.12.z als „antiker König" bezeichnet wird, [**17**], Seite 288). Die Fragmente nach Manetho schreiben ihm eine Herrschaft von 9000 Jahren zu ([**12**], Seite 15). Zählt man diese 9000 Jahre zu dem Datum 23.500 v.Chr. hinzu, so gelangt man zum Jahr 32.500 v.Chr. als Beginn der Götterherrschaft in Ägypten.

<table>
<tr><td colspan="4">Zeit der Herrschaft der acht Götter in Ägypten</td></tr>
<tr><td>etwa</td><td>9000</td><td>Jahre</td><td>von Ptah bis Amun-Rê
(Manetho)</td></tr>
<tr><td>+ etwa</td><td>23.500</td><td>Jahre</td><td>von „Helios" [Amun-Rê] bis Christus
(Diodor)</td></tr>
<tr><td>= etwa</td><td><u>32.500</u></td><td><u>Jahre</u></td><td>vor Christus Beginn der Götterherrschaft</td></tr>
<tr><td>etwa</td><td>23.500</td><td>Jahre</td><td>von Helios bis Christus
(Diodor)</td></tr>
<tr><td>- etwa</td><td>17.500</td><td>Jahre</td><td>vom Ende der Götterherrschaft bis Christus
(Herodot)</td></tr>
<tr><td>= etwa</td><td>6000</td><td>Jahre</td><td>währende Götterherrschaft ab Amun-Rê</td></tr>
<tr><td>+</td><td>9000</td><td>Jahre</td><td>Herrschaft von Ptah/Hephaistos (Manetho)</td></tr>
<tr><td>= etwa</td><td><u>15.000</u></td><td><u>Jahre</u></td><td>Dauer der Götterherrschaft insgesamt</td></tr>
</table>

Tabelle 1: Die Zeit der Herrschaft der acht Götter in Ägypten

Hanns Fischer schreibt aber 1928 über den Tierkreis von Dendera:

„In dem Denderabilde ist das erste Zeichen der Löwe. Das heißt, zu Beginn des Jahres stand im ersten Monat die Sonne im Sternbild des Löwen. Es gibt nun drei Möglichkeiten des damaligen Jahresanfanges:

- o unser heutiger 1.Januar
- o oder die Frühlings-Tag-Und-Nacht-Gleiche
- o oder als letzte die Sommersonnenwende.

Da gegenwärtig der Löwe das Sternbild des Septembers ist, so zeigt die Rechnung, dass man um 19.404 Jahre zurückgehen muss" [*also von heute gesehen ins Jahr 17.404 v.Chr., P.N.*] „um die Zeit zu finden, als der Januar unterm Zeichen des Löwen stand. Im zweiten Falle würden wir nur bis auf 11.010 Jahre vor unserer Zeitrechnung, im letzten Falle aber auf 32.570 v.Chr. zurückgreifen müssen" ([**18**], Seite 254).

Das Datum 32.500 v.Chr. ist aber nicht der Beginn der Geschichte überhaupt. Weiter zurück in die Vergangenheit geht dann nämlich die babylonische Überlieferung, hier insbesondere die uns von dem babylonischen Priester Berossos (frühes 3. Jahrhundert v.Chr.) bei anderen antiken Schriftstellern erhaltenen Fragmente seiner »Geschichte Babyloniens«. In ihnen wird berichtet, dass es einst zehn Urkönige gab, die vor einer großen Flut für zusammen 432.000 Jahre herrschten ([11], F 3, Seite 46 ff., F 4a, Seite 49 und Tabelle B, Seite 70). Diese Zeit wird in den vedischen Texten „Tretayuga" genannt (siehe auch hier Seite 42) und entspricht dem zweiten oder „silbernen" Zeitalter, in dem Okeanos (vedisch: Varuna) herrschte. Das davor liegende erste oder „goldene" Zeitalter („Satya-" oder „Kritayuga" genannt) unterstand dagegen der Herrschaft von Uranus.

Bestandteile	Götterjahre	Sonnenjahre	Symbol	Herrscher	Dharma
Morgendämmerung	400	144.000			
Kritayuga (Satyayuga)	4000	1.440.000	Gold (Geist)	Dyaus (Uranos)	4/4
Abenddämmerung	400	144.000			
Gesamtdauer	4800	1.728.000			
Morgendämmerung	300	108.000			
Tretayuga	3000	1.080.000	Silber (Gestalt Form)	Varuna (Okeanos)	3/4
Abenddämmerung	300	108.000			
Gesamtdauer	3600	1.296.000			
Morgendämmerung	200	72.000			
Dvaparayuga	2000	720.000	Kupfer/ Bronze (Seele)	Dharma (Kronos)	2/4
Abenddämmerung	200	72.000			
Gesamtdauer	2400	864.000			
Morgendämmerung	100	36.000			
Kaliyuga	1000	360.000	Eisen (Fleisch)	Indra (Zeus)	1/4
Abenddämmerung	100	36.000			
Gesamtdauer	1200	432.000			
Mahayuga	12.000	4.320.000			

Tabelle 2: Das indische Yugasystem, vergleiche »Rigveda« 4.58.3 (entspricht »Yajurveda Samhita« 17, 91 (941), [8], Seite 256):

„Vier sind seine Hörner, drei sind seine Füße, zwei sind seine Köpfe und sieben sind seine Hände" ([19] Vol. 1, Seite 493, eigene Übersetzung aus dem Englischen).

Dieses Zitat macht den Eindruck eines Merkspruches: Wenn man die „sieben Hände" als Nullen interpretiert [Hände = 10; als Reihe: 1 bis 9 und „sunya" = 0 für die Zehn], ergibt sich die Zahl 4.320.000.000 (die Dauer eines Tages Brahmas, „Kalpa" genannt). Interpretiert man die „Hände" aber als Stellen, so ergibt sich die Zahl 4.320.000 (die Dauer eines Maha- oder Caturyuga) wie bei der obigen Rechnung.

Diese vier Zeitalter bilden wie in der »Bibel« im Buch »Daniel« 2, 31 ff. und 7, 2 ff. ([6], Seite 652 und 657 f.) und dem Dialog »Politikos« [deutsch: »Der Staatsmann«] 273c von Platon (428/27 – 348/47 v.Chr.) ([20], Seite 349 f.) eine Kette zunehmender Entartung:

1. Im ersten Zeitalter, „Kritayuga" oder „Satya-Yuga" genannt, wurde allein Brahma verehrt, der selbst die einzige religiöse Anleitung dieser Zeit gab (siehe hier Seite 33). Nach »Manusmrti« 1, 86 war die Haupttugend dieser Zeit Meditation ([21], Seite 24; [22], Seite 31; [23], Seite 57), nach »Narasimha Purāna« 54, 52a „Buße" ([2424], Seite 533). In ihm entstanden die „Söhne Brahmas" der »Puranas«, die „Söhne Elohims" der »Bibel« bzw. die „Söhne Gottes" („Theos" ohne Artikel) in Platons »Timaios« (siehe hier Seite 27). Diese Begriffe sind gleichbedeutend, wie auch übereinstimmend gesagt wird, dass die Götter Menschen waren.

Die Verehrer Vishnus (Vaishnavas) lehren allerdings, Vishnu sei der Ursprung von Brahma ([24], Seite 6; [23], Seite 80; [25]), siehe schon »Mahabharata« 5.69.3 ([14] Vol. 3, Seite 213). Nach »Srimad Bhagavatam« 9.14.2 (vergleiche 2.5.17) brachte ja Vishnu aus seinem Nabel Brahma hervor ([26] Vol. 1, Seite 827, vergleiche dort Seite 100). Deshalb verehren sie Krishna als „höchste Persönlichkeit Gottes" ([27] Band 1, Seite XI, vergleiche dort Seite V), obwohl dieser in »Mahabharata« 6.31.5 (= »Bhagavad Gita« 7, 5) von sich selbst sagt:

„Aber dies" [*das heißt dem Zusammenhang nach: seine materielle Form*] „ist die niedrigere Form meiner Natur. Wisse, es gibt eine andere Form meiner Natur, höher als die, welche bewegt ist, und durch welche … das Universum aufrechterhalten wird" ([14] Vol. 4, Seite 82, eigene Übersetzung aus dem Englischen).

His Divine Grace A.C. Bhaktivedanta Swami Prabhupada (1896 – 1977) schreibt daher zum Inhalt der Lehre der Vaishnavas:

„Im Grunde gibt es nur zwei Arten von Menschen: diejenigen, die Kṛṣṇa-bewusst sind, und diejenigen, die nicht Kṛṣṇa-bewusst sind" ([27] Band 2, Seite 54).

Letztere „verehren für gewöhnlich die Halbgötter" und „verwenden alles zur Sinnenbefriedigung". Unter die Halbgötter (ihre Übersetzung von „Devas", die Olympier, von mir als „Göttersprösslinge" übersetzt) zählen sie dann auch Brahma ([27] Band 2, Seite 59), vergleiche schon »The Institutes Of Vishnu« 47, 10:

„Nachdem sie in einem früheren Zeitalter" [*das heißt: vor dem Dvaparayuga*] „diese Buße ausgeübt" [*oder: Strafe verbüßt*] „hatten, erlangten die sieben heiligen Rishis" [*das heißt: die sieben Weisen*], „Brahman (!) und Rudra" [*das heißt: Shiva*] „einen herrlichen Aufenthaltsort, o Erde" ([28], Seite 153, eigene Übersetzung aus dem Englischen).

Daher übersetzen sie auch z.B. »Srimad Bhagavatam« 4.8.23 entsprechend ihrer Lehre ([29], Seite 274), aber abweichend von anderen Übersetzungen ([26] Vol. 1, Seite 321; [30] Part 2, Seite 470). Abgesehen von ihrem falschen Gebrauch des Begriffs „Deva" (siehe oben) und davon, dass der Schöpfer voraussetzungslos sein muss und deshalb kein einzelnes Lebewesen sein kann, widerspricht ihre Deutung aber auch »Rigveda« 10.90.5 (identisch mit »Yajurveda Samhita« 31, 5):

„Von ihm" [*das heißt: Purusha; nach »Yajurveda Samhita« 31, 2 und »Manusmrti« 1, 11 ist Brahma gemeint, [8], Seite 420 und [21], Seite 6; [22], Seite 7*] „wurde Viraj [*gemeint ist Vishnu, P.N.*] geboren; ebenso wurde Purusha von Viraj geboren" ([19] Vol. 2, Seite 559; [8], Seite 421).

Vergleiche »Manusmrti« 1, 32:

„Nachdem er seinen Körper in zwei Teile geteilt hatte, wurde der Herr [Brahma] durch die eine Hälfte männlich und durch die andere weiblich, und mit der weiblichen zeugte er Viraj" ([21], Seite 14; [22], Seite 13 f., eigene Übersetzung aus dem Englischen).

Das scheinbare Paradoxon von »Rigveda« 10.90.5 und »Yajurveda Samhita« 31, 5 beschreibt nur den Kreislauf der Zeiten: Vishnu wurde daher nach »Rigveda« 10.90.7 in „den frühesten Zeiten", nämlich der allerersten Schöpfung (siehe

»Yajurveda Samhita« 31, 9 (1666) und 31, 17 (1674), [8], Seite 422 und 424), von Brahma hervorgebracht ([19] Vol. 2, Seite 559), siehe auch »Manusmrti« 1, 18:

„Von Brahma wurde … der unsterbliche Verstand, die zeugende Ursache aller *<folgenden!>* Schöpfungen … erzeugt" ([22], Seite 8, eigene Übersetzung aus dem Englischen, in spitzen Klammern Einfügung hinzugefügt; [21], Seite 10, Fußnote 18 (2)).

U.a. »Narasimha Purāna« 1, 36 f. bezeichnet aber z.B. eine spätere Schöpfung als „die erste" ([24], Seite 7)! Nach »Srimad Bhagavatam« 8.6.9 f. gab Vishnu dann Brahma die Form ([26] Vol. 1, Seite 716). Auch in der »Bibel« ist nach »Johannes« 1, 1 ff. Jesus Christus vor der (jetzigen) Schöpfung vorhanden, und auch daraus wird abgeleitet, dass er die Ursache der Schöpfung sei:

„Im Anfang war das Wort" (griechisch: „Logos" = „Weltplan"), „und das Wort war bei Gott" (*griechisch: Theos, auch im Folgenden, jeweils ohne Artikel!*), „und das Wort war Gott. Dieses war im Anfang bei Gott. Alles ward durch dasselbe, und ohne dasselbe ward auch nicht eines, das geworden ist" ([6], Seite 776).

Daraus ergibt sich eine genaue Übereinstimmung des Christus-Bildes von Johannes (übrigens eigentlich das erste Evangelium) mit der Vishnu-Vorstellung der Vaishnavas (und damit natürlich auch der Begriffe „Christus" und „Krishna").

2. Im zweiten Zeitalter, „Tretayuga", der Zeit von Kumari Kandam, wurden nur die Jayas angebetet, die Menschen von den Göttern geformt, unterrichtet (siehe hier Seite 50), aber auch missbraucht. Nach »Narasimha Purāna« 54, 52a war die Haupttugend dieser Zeit Meditation ([24], Seite 533), nach »Manusmrti« 1, 86 aber *<das Erlangen von>* Wissen ([21], Seite 24; [22], Seite 31). Die Kommentatoren deuten das auf das Wissen über „das Selbst" (den heiligen Geist des Menschen, giechisch: pneumatos im Gegensatz zu pneuma, dem „Heiligen Geist" als göttliche Person), es passt aber zu den Sangam-Universitäten auf Kumari Kandam (siehe hier Seite 54 ff.).

3. Das dritte Zeitalter, „Dvaparayuga" ist die eigentliche Zeit der »Veden« (siehe hier Seite 47), was auch David Frawley richtig sieht ([31], Seite 37 unter 4.).

Es begann etwa 33.500 v.Chr. (siehe hier Seite 37), und in ihm wurden nach »Manusmrti« 1, 23 die titanischen Götter (Daityas) angebetet:

> „Die drei Veden, erhaben unter den Namen von Rik-, Yayur- und Samaveda, melkte er von Agni [Feuer], Vayu [Luft, Wind] und Surya [Sonne] für die Ausführung religiöser Opfer" ([**22**], Seite 10, eigene Übersetzung aus dem Englischen; vergleiche auch [**32**], Seite 70 und [**21**], Seite 12).

Dasselbe sagt »Satapata Brahmana« 11.5.8.3 f. ([**33**], Seite 102 f.). Zuerst wurde von Agni das »Rigveda« (ägyptisch: Ptah) gegeben, dann von Surya (ägyptisch: Amun-Re) nach der Verdrängung von Dyaus (Amun) durch Surya (Re; siehe hier Seite 111) das »Samaveda« und schließlich von Vayu (ägyptisch: Schu) das »Yayurveda«. Auf diese Stelle bezieht sich meiner Ansicht nach auch »Yajurveda Samhita« 17, 92 (942) b:

> „Indra stellte eine Form her, Surya eine andere; durch ihre eigene Macht gestalteten sie die dritte von Vena" ([**8**], Seite 256, eigene Übersetzung aus dem Englischen).

Dem Zusammenhang nach bedeutet diese Stelle, dass die drei Veden (siehe hier Seite 123) offenbar bearbeitet wurden, nachdem sie von den Panis in der Erde versteckt und beim Quirlen des Milchozeans von den Göttern entdeckt wurden (siehe hier Seite 125). Ravi Prakash Arya deutet die zuerst zitierte Stelle dagegen auf die ehemalige inhaltliche Ordnung der »Veden« ([**8**], Seite VII).

Das »Rigveda« besteht aber aus Opferhymnen, daher ist es nach »Manusmrti« 1, 86 in das Zeitalter der Titanen einzuordnen:

> „… im Dvapara *<Yuga>* ist die Haupttugend das Darbringen von religiösen Opfern" ([**21**], Seite 24; [**22**], Seite 31, eigene Übersetzung aus dem Englischen, in spitzen Klammern in Kursivschrift Einfügung hinzugefügt).

Diese Datierung des Beginns der Opfer findet sich auch in »Vishnu Purana« 3.4.6 ff. ([**34**] Vol. 1, Seite 398 f.) und in »Narasimha Purāna« 54, 52a ([**24**], Seite 533). Auf diese Zeit bezieht sich daher wahrscheinlich auch »Âpastamba« 2.7.16.1:

> „Früher lebten Menschen und Götter in dieser Welt zusammen. Dann gingen die Götter zur Belohnung für ihre Opfer zum Himmel, aber die Menschen wurden

zurück gelassen" ([**35**] Part 1, Seite 140, eigene Übersetzung aus dem Englischen).

Dem könnte zwar »Mahabharata« 3.149.23 widersprechen ([**14**] Vol. 2, Seite 420; ebenso [**23**], Seite 57), wonach die Opfer im Tretayuga eingeführt wurden (siehe dazu unten zum Kaliyuga). Damit könnten jedoch die oben genannten Opfer der Götter gemeint sein, die wohl auch in »Aitareya Brahmana« 8.4. 21 – 23 gemeint sind (siehe das Zitat hier Seite 32). Erst nach dem Sturz von Bali/Vali (Kronos) durch Indra (Zeus) und die Devas (Olympier) versah jedenfalls im Dvaparayuga eine Priesterkaste (Brahmanen) ihren Dienst. In »Krishna (Schwarzes) Yajur Veda« 4.1.7.c, das u.a. nach 2.6.12.i auf das Dvaparayuga zurückgeht, wird erstmals ein Tempel mit Priestern erwähnt ([**17**], Seite 415 und 312). Vergleiche dazu auch Platons »Kritias« 113b f.:

> „Wie <*schon*> im Obigen erzählt wurde, dass die Götter die ganze Erde unter sich teils in größere, teils in kleinere Teile verteilt (**113c**) und sich selbst ihre Heiligtümer und Opferstätten gegründet hätten …" ([**10**], Seite 451, Text von mir redigiert, in spitzen Klammern Einfügung hinzugefügt).

Daraus schließe ich, dass dies der Beginn des Kastensystems in Indien war (vergleiche dazu [**36**]), von dem unter anderem in »Manusmrti« 1, 31 und 86 – 91 behauptet wird, es sei von Brahma selbst geschaffen worden ([**21**], Seite 14 und 24; [**22**], Seite 11 und 32). In »Mahabharata« 6.28.13 (= »Bhagavad Gita« 4, 13) nennt sich Krishna, die Inkarnation Vishnus im Dvaparayuga, den Schöpfer des Kastensystems ([**14**] Vol. 4, Seite 73). Auch nach »The Institutes Of Vishnu« 1, 47 f., vergleiche auch 1, 42 (beides [**28**], Seite 8), liegt der Beginn des Kastensystems im Dvaparayuga: Danach war Vishnu zu dieser Zeit in Gelb gekleidet, was nach »Mahabharata« 3.149.27 nur im Dvaparayuga der Fall ist ([**14**] Vol. 2, Seite 420). In den »Veden« werden die Kasten als solche zuerst in »Yajurveda Samhita« 18, 48 (997) erwähnt ([**8**], Seite 270). R.C. Dutt hat also nicht ganz Recht, wenn er sagt, dass „im vedischen Zeitalter … Kasten als solches nicht existierten" (R.C. Dutt: »Vedic Rishis« in: [**37**], Seite 154). Wahrscheinlich ging es davor (z.B. in »Rigveda« 10.90.11 f. ([**19**] Vol. 2, Seite 559) und »Mahabharata« 6.41.23 [**14**] Vol. 4, Seite 109) nur um Funktionen bzw. Geisteshaltungen, nicht um vererbte Ämter, vergleiche dazu »Mahabharata« 5.43.56:

„Ich erachte denjenigen, ein Brahmane zu sein, der den höchsten Geist kennt, erläutern und die Zweifel von allen aufklären kann, während er selbst alle Zweifel aus seinem Verstand entfernt hat" ([14] Vol. 3, Seite 145, eigene Übersetzung aus dem Englischen).

4. Unser viertes Zeitalter wird „Kaliyuga" genannt, und in ihm herrscht in Indien die Vielgötterei und Götzenverehrung (wie es auch »Skanda Purana« VII.iii.13.36 f. angibt, [38], Seite 44). Die Haupttugend ist in ihm nach »Narasimha Purāna« 54, 52a (im Gegensatz zu 53b f.; [24], Seite 533) und »Manusmrti« 1, 86 (wie im »Koran«) das „Geben von Geschenken und Mildtätigkeit" ([21], Seite 24; [22], Seite 31), nicht das Chanten des Hare-Krishna-Mantras, wie Stephen Knapp meint ([23], Seite 57 f.). Nach »Mahabharata« 3.149.25 ([14] Vol. 2, Seite 420) galt diese Haupttugend dagegen schon im Dvaparayuga (siehe dazu oben und hier Seite 33). Da im »Mahabharata« aber die entsprechende Angabe zum Kaliyuga fehlt, könnte es sich, wie bei der Angabe zum Tretayuga, um einen Fehler handeln.

Die zur Zeit von Uranus herrschenden Götter hießen nach »Vayu Purana« 2.6.5 – 8 vedisch „Jayas" oder die „geistgeboren Söhne Brahmas" ([39], Seite 511), die in »Krishna (Schwarzem) Yajur Veda« 1.2.3 um Schutz angerufen werden ([17], Seite 51). Sie werden in »Kalikapurana« 1, 47 „Daksa und die anderen Schöpfer" genannt ([40], Seite 5) und ihre Anzahl betrug nach »Mahabharata« 3.163.14 nur sieben ([14] Vol.2, Seite 461). Nach »Srimad Bhagavatam« 7.1.36 sahen sie aus „wie zarte Jungen von fünf oder sechs Jahren, und sie waren splitternackt" ([26] Vol. 1, Seite 616). Nach »Skanda Purana« III.ii.22.1 gehörten zu ihnen jedoch auch weibliche Yogis, die „die (heiligen) Flecken" bewohnten ([41], Seite 135). Das bezieht sich vielleicht auf »Kalikapurana« 1, 24 f., wonach von Brahma nach den ersten sieben zehn weitere Söhne „geistgeboren" wurden (vergleiche auch 1, 47), dann ein Mädchen und nach 1, 42 schließlich als zwölfter Kama ([40], Seite 3 und 4; siehe hier Seite 115). Ihre Anzahl würde also insgesamt neunzehn betragen. Die zweiten, zehn, geistgeborenen Söhne Brahmas scheinen mit den zehn Königen vor der Flut in den Fragmenten nach Berossos (und vielleicht auch mit den „frühen Erstgeborenen" der Ägypter, [7], Seite 46) identisch zu sein. Das würde gleichzeitig für die Identität von Kama mit Pan sprechen (siehe dazu hier Seite 112). Die Zeit der zweiten zehn Söhne Brahmas ist dem Tretayuga zuzuordnen, die ersten sieben gehören dem Krita- bzw. Satyayuga an und sind mit den „Wetjeset-Nether“ bzw. den „frühen Erstgeborenen“ der Ägypter identisch (vergleiche [7], Seite 23 mit hier Seite 37).

Der Begriff „Söhne Brahmas“ entspricht aber sprachlich und inhaltlich dem Begriff „Söhne Elohims“ (übersetzt: „Söhne Gottes“), von denen es in »1.Mose« 6, 4 in der »Bibel« heißt:

> „In jenen Tagen waren die Riesen auf der Erde, und auch nachher, als die Söhne Gottes zu den Töchtern der Menschen eingingen und diese ihnen gebaren. Das sind die Helden, welche von alters her waren, die Männer von Ruhm gewesen sind.“ ([**6**], Seite 5)

Auf diese Vermischung von Göttern und Menschen spielt offenbar auch »Khândogya Upanishad« 5.8.1 – 2 an:

> „Der Altar ist die Frau, o Gautama. Auf diesem Altar opferten die Götter (Geister) Samen. Von diesem Opfer stieg der Keim auf“ ([**32**] Part 1, Seite 79).

Das in der Bibelübersetzung mit „Riesen“ wiedergegebene Wort heißt aber im Hebräischen „Nephilim“, ist aus der Wurzel NFL für „Fallen“ abgeleitet und bedeutet eigentlich: „die Herabgefallenen *<Engel>*“, nämlich vom Himmel auf die Erde. Dazu vergleiche »Damaskusdokument« II, 18:

> „Da sie in der Verstocktheit ihres Herzens wandelten,
> fielen die Wächter des Himmels“ {*oder: „des Uranos“*},
> „darin wurden die gefangen, die Gottes Gebote nicht hielten
> und <auch> ihre Söhne, deren Größe wie die Höhe von Zedern
> und deren Körper wie Berge,
> denn die fielen”
> ([**42**], Seite 171, Text von mir redigiert,
> in spitzen Klammern Hinzufügung im Original).

Vergleiche auch Plutarch (ca. 46 – 120 n.Chr.) unter Berufung auf Eudoxos (408 – 355 v.Chr.) in »Über Isis und Osiris« 6, wo er über die Ansicht der ägyptischen Könige zum Wein sagt:

> „… als Opferguss gebrauchen sie ihn nicht deshalb, weil er den Göttern lieb sei, sondern als das Blut derer, die einst gegen die Götter Krieg geführt hätten. Aus

diesen seien, **nachdem sie herabgestürzt seien und sich mit der Erde vermischt hätten**, die Menschen entstanden; deshalb bringe der Rausch die Menschen um den Verstand und die Beherrschung ihres Körpers, weil sie sich mit dem Blut ihrer Urahnen volltränken. Dies ist, wie Eudoxos im zweiten Buch seiner »Erdbeschreibung« sagt, die Erklärung, welche die *<ägyptischen>* Priester geben." ([**43**], Seite 145, Hervorhebung und in spitzen Klammern Einfügung hinzugefügt)

Der Begriff „Nephilim" ist daher mit dem babylonischen „Anunaki" identisch, das wörtlich „die vom Himmel auf die Erde Gekommenen *<Götter>*" bedeutet. Daraus ergibt sich auch die Identität der biblischen „Engel" mit den „Wächtern" und den „Göttern" der sogenannten >Heiden< (vergleiche hier Seite 14). Die negativen Handlungen, die allein bei ihnen gesehen wurden, könnten sich also sehr gut auf ihr Verhalten beziehen, aber auch auf Pan, der zwar dieser Göttergeneration angehörte, jedoch von ihnen ausgeschlossen wurde (siehe dazu hier Seite 112 f.). Das Beispiel Valis (sonst „Bali" genannt, griechisch: Kronos, ägyptisch: Geb) in »Srimad Bhagavatam« 8.19 – 21 ([**26**] Vol. 1, Seite 760 - 769) und »Mahabharata« 5.32.24 ([**14**] Vol. 3, Seite 83) zeigt aber, dass sie nicht nur negative Seiten hatten. Deshalb galt auch das Zeitalter von Kronos bei den antiken Griechen und gilt heute noch in Kerala in Südindien ([**36**]) als „goldenes Zeitalter".

Von den „Söhnen Gottes" spricht aber auch »Timaios« 41a – c:

„... da sprach der Erzeuger des Alls folgendermaßen zu ihnen: ‚Göttliche Göttersöhne' (*Anmerkung: es müsste eigentlich „Söhne Gottes [„Theos", ohne Artikel]" heißen, denn die Götter gab es noch nicht; das entspricht aber exakt dem Begriff „Söhne Elohims" in »1.Mose« 6, 4*), „deren Bildner ich bin ... Es sind noch sterbliche Geschlechter übrig, und zwar ihrer drei, die noch unerzeugt sind ... Damit sie also zu Sterblichen werden ... kommt es euch naturgemäß zu, euch an die Hervorbringung der lebendigen Geschöpfe zu machen, indem ihr meine Tätigkeit nachahmt, wie sie bei eurer Entstehung stattfand'" ([**10**], Seite 269, Text von mir redigiert).

In Platons »Timaios« 40e f. wird das vor der Herrschaft von Kronos und der Titanen liegende zweite Zeitalter Okeanos (vedisch: Varuna) zugerechnet ([**10**], Seite 267), in der indischen »Skanda Purana« VII.i.20.2 ist es Hiranyakashipu

([**44**], Seite 119). Schon der griechische Dichter Homer (7. oder 8. Jahrhundert v.Chr.) berichtet aber in seiner »Ilias« XIV, 201 (ebenso 302), dass da die Entstehung der Götter stattfand:

„Okean auch, der Götter Geburt, und Tethys die Mutter"
(zitiert nach [**15**] 1. Buch, Seite 24).

Die dort beschriebene Situation entspricht jedoch exakt dem, was auch in der indischen »Vayu Purana« 2.6.7 über das zweite Zeitalter, „Tretayuga" genannt, gesagt wird:

„Als er sie sah, sagte Brahma: ‚O Jayas, zeugt die Götter' ..."
([**39**], Seite 511, eigene Übersetzung aus dem Englischen)

Die von den Jayas zu zeugenden „Götter", waren die griechisch „Titanen", vedisch „Daityas" und ägyptisch „Netheru" (Einzahl: „Nether") genannten Wesen, die nach ihnen, im dritten Zeitalter („Dvaparayuga") zur Herrschaft kamen.

Inder	Chinesen	Griechen	Ägypter
Jayas	Himmelsherr	Uranus	frühe Erstgeborene
Deityas	Erdenherr	Kronos (Titanen)	Netheru
Devas	Menschenherr	Zeus (Olympier)	Göttersprösslinge

Tabelle 3: Die Götterdynastien bei den Völkern (siehe auch hier Seite 128). Zu den drei Göttergenerationen der Inder vergleiche auch »Yajurveda« Samhita 20, 12 ([**8**], Seite 300).

In der »Vayu Purana« 2.6.9 – 12 werden die Jayas folgendermaßen charakterisiert:

„Aber sie handelten nicht in Übereinstimmung mit der Anweisung von Paramesthin [Brahma]. Sie fanden selbst bei denen Mängel, die bei ihren gedanklichen, sprachlichen oder körperlichen Handlungen in einer wahrheitsliebenden Natur verblieben. Sie sahen die Früchte der Handlungen übermäßig eingeschränkt" [*das heißt: sie sahen nur die negativen Handlungen, ohne die positiven gegen zu rechnen, P.N.*]. „Sie hassten Nachkommen und Zeugung. Sie waren regsam, aber frei vom Gedanken an „Mein" [Besitz]. Sie strebten nach Beständigkeit. Sie waren unberührt [von den Dingen der Welt]. Sie sahen Mängel [in weltlichen Handlungen]. Sie verließen Reichtum, Liebe und Tugend. Sie hielten an dem Wissen in Bezug auf das höchste Wesen fest und blieben mit ihrer Pracht zurückgezogen" ([**39**], Seite 511, eigene Übersetzung aus dem Englischen).

Die Aussage: „Sie hassten Nachkommen" findet sich auch bei Hesiod (ca. 750 – 650 v.Chr.) in »Theogonie« 154 – 156 in Bezug auf Uranus (der der Göttergeneration vor Okeanos angehörte):

„Wieviele aber auch von Gaia und Uranus erzeugt wurden,
die schrecklichsten der Kinder: Sie <alle> waren dem Vater verhasst
von Anfang an ..."
([**3**], Seite 55).

Was in dem Zitat aus »Vayu Purana« 2.6.9 – 12 als „unberührt [von den Dingen der Welt]" wiedergegeben ist, wurde von dem chinesischen Philosophen Lao Tse (ca. 6. Jahrhundert v.Chr.) im »Tao Te King« 15, 1 – 12 in der Übersetzung von Erwin Rousselle (1890 – 1949) charakterisiert als:

„Der Vorzeit Treffliche, zu Meistern geworden,
waren fein, geheimnisvoll, dunkel, eindringend,
tief, nicht auszuloten.
Eben weil <sie> nicht auszuloten <waren>,
kann man sich ihre Haltung nur mit Mühe vorstellen:
- vorsichtig waren sie, wie wer im Winter den Strom durchwatet,
- scheu, wie wer auf den vier Seiten Nachbarn fürchtet,
- zurückhaltend wie Gäste,
- zergehend, wie Eis, das schmelzen will,
- schlicht waren sie wie Rohholz,
- leer wie das Tal,
- trüb wie Schlammwasser"
([**45**], Seite 23, Text von mir redigiert,
in spitzen Klammern Einfügungen hinzugefügt).

Dass sie nur die negativen Handlungen sahen, scheint sich auf die Nachkommen der Jayas (Söhne Gottes) zu beziehen, die griechisch „Titanen", vedisch „Daityas" und ägyptisch „Netheru" genannt wurden. Das sagt jedenfalls Hesiods »Theogonie« 207 – 210, wo Uranos nach seiner >Entmannung< (siehe dazu hier Seite 114) die Titanen tadelt und ihnen spätere Rache verspricht ([**3**], Seite 61).

Von dieser Zeit vor der Herrschaft der Titanen um Kronos (vedisch „Daityas")
singt jedoch Orpheus nach Apollonius von Rhodos (3. Jahrhundert v.Chr.) »Die
Argonauten« I, 503 – 506:

„Sang wie einst Eurynome, Okeanos' Tochter, am Anfang
mit Ophion das Haupt des beschneiten Olympos besaßen,
und wie dieser, bewältigt, der Herrschaft des Kronos gewichen *<sei>*,
jene der Rheia und beide in Okeanos' Fluten versenkt *<wurden>*"
([**46**], Seite 19, Text von mir redigiert,
in spitzen Klammern Einfügungen hinzugefügt).

Ihr Reich versank also in „Okeanos Fluten". Die im indischen Epos »Mahabharata«
genannten Namen von Ophion und Eurynome sind Dhananjaya (I.) und Kumari
(III.) ([**47**], Seite 220 und 438). Dhananjaya ist in »Mahabharata« 1.35.5 wie
Ophion in »Die Argonauten« („Ophion" bedeutet Schlange) als Schlange (vedisch:
„Naga") vorgestellt ([**14**] Vol. 1, Seite 114). Bei den Griechen war dies das Bild für
die Mischlinge aus Göttern und Menschen, die als „Giganten" bezeichnet wurden.
Daher ist Ophion vielleicht (trotz der zeitlichen Differenz von rund 24.000 Jahren)
mit dem gleichnamigen Giganten identisch, der beim Krieg gegen die Olympier um
Zeus eine Rolle spielte. Wie die Fragmente nach Berossos den auf Kumari Kandam
herrschenden zehn Urkönigen vor der Flut unglaubliche Lebenszeiten zusprechen,
so sagt auch die »Harivamsa Purana« 1.41.147 von dieser Zeit:

„Während der Regierung von Rama hatten die Menschen Leben von tausenden
von Jahren. Sie waren Väter von tausenden Söhnen. Kein lebendes Wesen litt
an irgendeinem Leiden" ([**48**] Vol. 1, Seite 197, eigene Übersetzung aus dem
Englischen).

Die „Regierung von Rama" bezieht sich auf das zweite große indische Epos, das
»Ramayana«, das vor der Flut zur Zeit des 2. vedischen Zeitalters („Tretayuga"
genannt) und zumindest teilweise auf dem Gebiet von Kumari Kandam spielt.
Ophion/Dhananjaya sitzt aber »Mahabharata« 2.9.10 zufolge im Rat von Varuna
(griechisch: Okeanos) ([**14**] Vol. 1, Seite 658), der dieses Zeitalter beherrschte
(siehe hier Seite 128). Möglicherweise wurde dies auf den ältesten griechischen
Darstellungen dadurch dargestellt, dass der fischschwänzige Okeanos eine
Schlange in der Hand hält ([**49**]).

Die Gattin von Ophion/Dhananjaya, Kumari, in »Mahabharata« 5.117.17 erwähnt ([14] Vol. 3, Seite 318), ist als Tochter von Okeanos eine Göttin. Sie gab dem Kontinent, auf dem die beiden herrschten, sowie einem Fluss und einem Berg auf diesem ([50], Seite 10) den Namen (wie ja alle Kontinente weiblich sind) und steht für eine gute Ordnung. Dafür wird sie heute noch von den Tamilen verehrt, die ihre Zeit als „Goldenes Zeitalter" bezeichnen ([50], Seite 14). Das entspricht auch der Darstellung von Hesiod in »Werke und Tage« 116 f. ([51], Seite 30), dessen goldenes Zeitalter offensichtlich nicht mit dem goldenen Zeitalter von Kronos gleichzusetzen ist (vergleiche hier Seite 27), sondern davor liegt.

Ihr Reich befand sich auf einem heute versunkenen Kontinent Südostasiens (S.C. Jayakaran: »Lost Land and the Myth of Kumari Kandam« in: [116], Seite 94). Er wird tamilisch „Kumari Kandam" („Kontinent von Kumari") oder „Tamilaham" („Heimat der Tamilen", [50], Seite 9) bzw. „Kumarinadu" ([52] Vol. 2, Seite 155), wissenschaftlich aber heute „Sundaland" genannt ([53]). Er versank in der Flut im Ozean, die in der 11. Tafel des »Gilgamesh-Epos« behandelt wird ([54], Seite 109 ff.) und mit der Flut der vedischen Überlieferung der »Puranas« identisch ist:

babylonische/ägyptische	indische
10 Urkönige	10 Urkönige
lange Lebenszeit	lange Lebenszeit
Vorhandensein von Städten	Vorhandensein von Städten
EA/Enki warnt vor Flut	Vishnu warnt vor Flut
Anweisung zum Schiffbau	Anweisung zum Schiffbau
Überflutung durch Regen	Überflutung durch Regen
Bruch der Überlieferung (Berossos)	Bruch der Überlieferung (»Aitareya Brahmana«)
Verkürzte Tage (»Über Isis und Osiris«)	Beschleunigte Erdrotation („Quirlen d. Milchozean")
Polverschiebung (»Atra Hasis«)	Polverschiebung
Beschleunigte Präzession (Berossos)	Beschleunigte Präzession („Quirlen d. Milchozean")
Änderung des Kalenders (»Über Isis und Osiris«)	Änderung des Kalenders (»Rigveda«)

Tabelle 4: Die Identität der Flut des »Gilgamesh-Epos« mit der der vedischen Schriften. Die Änderung des Kalenders bezieht sich auf die Zeit etwa 20.000 v.Chr. Die Folgen dieser Flut sind offensichtlich viel dramatischer gewesen als die des Unterganges von Atlantis.

(„Präzession" nennt man das Wandern der taumelnden Erdachse durch den Tierkreis. Dadurch bewegt sich der „Frühlingspunkt" gegen den Uhrzeigersinn in derzeit rechnerisch 25.920 Jahren durch die zwölf Bilder des Tierkreises. Der „Frühlingspunkt" ist der Schnittpunkt des „Himmelsäquators" mit der „Ekliptik"; letztere ist die, durch die schräge Erdachse, scheinbare Sonnenbahn über der Erde).

Die zehn Urkönige vor der Flut in den Fragmenten nach Berossos (vergleiche hier Seite 19) lebten also nicht in Babylonien, sondern in Kumari Kandam. Auf sie nimmt auch die indische »Aitareya Brahmana« 8.4. 21 – 23 Bezug ([55], Seite 336– 338). Dort ist, wie in den Fragmenten nach Berossos, zwischen dem zehnten und elften König ein Bruch erkennbar, der offensichtlich auf die Flut zurückzuführen ist:

> „Mit dieser großen Salbung" (bei Martin Haug als „Einweihungszeremonie" übersetzt, [56], Seite 523 ff.) „Indras salbte Tura Kavasheya *<den>* Janamejaya Parikshit. ...
>
> Mit dieser großen Salbung Indras salbte Chyavana Bhargava *<den>* Sharyatha Manava. ...
>
> Mit dieser großen Salbung Indras salbte Somasushman Vajaratnayana <den> Shatanika Satrajita. ...
>
> Mit dieser großen Salbung Indras salbten Parvata und Narada *<den >* Ambasthya. ...
>
> Mit dieser großen Salbung Indras salbten Parvata und Narada *<den>* Yudhamshraushti Augrasainya. ...
>
> Mit dieser großen Salbung Indras salbte Kashyapa *<den>* Vishvakarman Bhauvana. ...
>
> Mit dieser großen Salbung Indras salbte Vasishta *<den>* Sudas Paijavana. ...
>
> Mit dieser großen Salbung Indras salbte Samvarta Angirasa *<den>* Marutta Avikshita. ...
>
> Mit dieser großen Salbung Indras salbte Udamaya Atreya *<den>* Anga. ...

Mit dieser großen Salbung Indras salbte Dirghatamas Mamateya <den>
Bharata Dauhshanti. ...

Diese große Salbung Indras erklärte Brihaduktra, der Seher, Durmukha, dem
Pancala. ...“

([55], Seite 338, zitiert bei [31], Seite 126 f., eigene Übersetzung aus dem
Englischen, in spitzen Klammern Einfügungen hinzugefügt).

Der Bruch zwischen dem zehnten und elften König vor der Flut wird aber ebenso
in den Fragmenten nach Berossos durch die Änderung der Zeitrechnung kenntlich.
War vorher in Zeiteinheiten von „Saros“ (3600 Jahre), „Neros“ (600 Jahre) und
„Sossos“ (60 Jahre) gerechnet worden ([11], Seite 47), was sich alles auf einen
Präzessionszyklus (Präzessionsjahr, „Großes Jahr“ oder „Platonisches Jahr“) von
43.200 Jahren bezieht, so wird danach nur noch in normalen Jahren gerechnet.
Diese Änderung wird vedisch später in Valmikis »Ramayana«, dem
»Mahabharata« und in den »Puranas« unter dem Bild vom „Quirlen des
Milchozeans“ beschrieben. Das deutete schon B.G. Sidharth auf die Erdrotation
([57], Seite 110; vergleiche Tabelle 4 hier Seite 32), was wohl schon in »Rigveda«
4.30.3b und 4b gemeint ist ([19] Vol. 1, Seite 460); John W. McCrindle verstand es
dagegen nicht ([58], Seite 51 f., Fußnote §).

Aus »Aitareya Brahmana« 8.4. 21 – 23 folgt aber auch, dass der »Veda« zu dieser
Zeit von einem Herrscher mündlich an seinen Nachfolger weiter gegeben wurde.
Tatsächlich wird auch gesagt, dass es ursprünglich nur einen »Veda« gab ([59]),
der vom Schöpfer Brahman direkt inspiriert wurde. Dann müsste es sich bei dem
ersten Tontafel-Bericht der »Bibel« (»1. Mose« 1, 1 – 2, 4a, siehe [60], Seite 58)
um diesen »Veda« oder einen Teil davon gehandelt haben, denn er kann nur von
Elohim (vedisch: Brahma) inspiriert sein ([60], Seite 75 f.). Nach »Mahabharata«
3.149.20 wurde der »Veda« aber schon im ersten Zeitalter (Krita- oder Satyayuga,
vergleiche Tabelle 2 hier Seite 19) mündlich weiter gegeben ([14] Vol. 2, Seite
420). Allerdings scheint die Darstellung dort um ein Zeitalter verschoben zu sein
(siehe hier Seite 24). Darauf bezieht sich jedoch Krishna in »Mahabharata« 6.28.1
f. (= »Bhagavad Gita« 4, 1 f.):

„Ich teilte Vivasvat dieses unvergängliche <System des> Yoga mit, <Vivasvat>
verkündete es Manu, Manu verkündete es Ikshvaku. So wurde es, von
Generation zu Generation überliefert, den königlichen Weisen bekannt. Aber ...

dieses Yoga war durch die lange Dauer der Zeit für die Welten verloren" ([**14**] Vol. 4, Seite 73, eigene Übersetzung aus dem Englischen, in spitzen Klammern in Kursivschrift Einfügung hinzugefügt).

In diesem Zusammenhang würde auch die merkwürdige Aussage in »Mahabharata« 6.34.5 (= »Bhagavad Gita« 10, 5) Sinn machen:

„Die sieben großen Rishis" [*Seher*] „und ebenso die vier uralten Manus … wurden alle aus meinem Verstand geboren" [*das heißt: sie waren Söhne Brahmas, siehe hier* Seite 20] ([**14**] Vol. 4, Seite 89, eigene Übersetzung aus dem Englischen).

Merkwürdig ist daran, dass Krishna bereits zur Zeit des jetzigen, siebenten Manu Vaivasvatha lebte und dass auch sein Gespräch mit Arjuna in dieser Zeit stattfand. Der Verweis auf die „vier uralten Manus" in der Aussage datiert diese aber ins erste Zeitalter, Satya- oder Kritayuga, in die Zeit des fünften Manus, Raivata, also lange vor die Flut, die zur Zeit des sechsten Manus, Chakshusha, stattfand.

Die Unterbrechung der religiösen Überlieferung erscheint daher auch in der indischen »Sri Kalki Purana« 10 als Verlust der ursprünglichen »Veden« bei der Flut ([**61**], Seite 65), vergleiche auch »Mahabharata« 3.85.46 ff. ([**14**] Vol. 2, Seite 265). Nach »Surya-Siddhanta« 1, 1 f. geschah dies jedoch durch einen Dämon (vedisch: „Asura") namens „Maya", und ihr zufolge enthielten die »Veden« zu dieser Zeit vor allem die damalige astronomische Wissenschaft ([**62**], Seite 1). Das könnte bedeuten, dass durch die astronomischen Änderungen auch die möglicherweise enthaltenen astrologischen Voraussagen (siehe dazu die „Tafel der Götterschicksale" hier Seite 123) wertlos wurden. Der Verlust der »Veden« wiederholte sich jedenfalls später noch einmal beim Sturz von Kronos (siehe hier Seite 121). Auf diesen Zeitpunkt scheint sich »Krishna (Schwarzes) Yajur Veda« 6.1.3 zu beziehen, wo es heißt:

„Das Rik- und das Samaveda, unwillig, bei den Göttern zu bleiben für das Opfer, verschwanden, indem sie die Form einer schwarzen Antilope annahmen, und blieben weg" ([**17**], Seite 554, eigene Übersetzuntg aus dem Englischen).

Demnach gab es zu dieser Zeit nur das »Rigveda« und das »Samaveda«, die auch an anderen Stellen allein genannt werden. In 5.1.4 [1] wird das Fell einer schwarzen Antilope mit dem Opfer gleichgesetzt, in 5.1.4 [2] mit der Erde ([**17**], Seite 543).

Nach »Vishnu Purana« 3.3.9 wurden die »Veden« in jedem Zeitalter neu geordnet, bis zum letzten Dvaparayuga insgesamt 28-mal ([**34**] Vol. 1, Seite 394). Das kann allerdings nicht stimmen. Es beginnt schon damit, dass sich die Aussage auf das Vaivasvata Manvantara bezieht, das erst etwa 33.500 v.Chr. begann (siehe hier Seite 41). Ihre Deutung auf die Mahayugas ist auch falsch. Da je vier Yugas ein Mahayuga bilden (vergleiche Tabelle 2 hier Seite 19), kann sich die Anzahl 28 nicht auf das Dvaparayuga, sondern muss sich auf unser Kaliyuga beziehen, in dem wir uns befinden, da die Anzahl durch 4 teilbar ist. Hinzu kommt, dass es in »Pañcaviṃśa-Brāhmana« 4.6.3 heißt:

> „… die Sonne ist führwahr die einundzwanzigste des Universums“
> ([**63**], Seite 56)

Unter dem Begriff „Sonne" ist hier offensichtlich ein Zeitalter zu verstehen, jedoch kein Yuga! Die Yugas setzten sich ja ursprünglich abnehmend aus 4, 3, 2 und 1 Präzessionszyklen (genauer: dem Zehnfachen eines Präzessionszyklus, wofür mir die Ursache noch nicht klar ist) zusammen. Da die Angabe sieben Präzessionszyklen vor unserem (aus einem solchen Zyklus bestehenden) Kaliyuga liegt, würde sie sich auf den letzten Präzessionszyklus des Kritayuga beziehen, was etwas vor der Angabe der »Surya-Siddhanta« 1, 2 f. und besonders 1, 57 liegt (siehe das Zitat hier Seite 42). Daraus würde sich aber ergeben, dass die Anzahl der Yugas in der »Vishnu Purana« hochgerechnet wurde und in Wirklichkeit nicht stimmt, weil sich die astronomischen Verhältnisse geändert haben (siehe hier Seite 41). Dafür spricht auch »Brihadâranyaka-Upanishad« 3.3.2, die anzudeuten scheint, dass bereits 32 Präzessionszyklen vergangen seien ([**32**] Part 2, Seite 128), das wäre jedoch auf eine falsche Berechnung zurückzuführen wie die Deutung der Anzahl auf die Mahayugas auf ein falsches Verständnis.

Die Neuordnung der »Veden« ist auch in »Vishnu Purana« 3.4.6 ff. vorausgesetzt ([**34**] Vol. 1, Seite 398 f.), daher irrt Jiva Gosvami, wenn er Stephen Knapp zufolge annimmt, die Neuordnung der »Veden« finde jeweils nur einmal im Mahayuga, zur Zeit des Kaliyuga statt ([**23**], Seite 54). Dem Zusammenhang nach ist auch in

»Völuspa« [»Der Seherin Gedicht«] 53 in der »Edda« die Wiederherstellung der »Veden« beim Beginn des nächsten Zeitalters gemeint:

> „Wieder werden
> die wundersamen
> goldnen Tafeln
> im Gras sich finden,
> die vor Urtagen
> ihr" [*das heißt: der Asen, vedisch: Asuras, P.N.*] „eigen waren"
> ([**64**], Seite 33)

Die Erde sang jedenfalls im Zusammenhang mit der mündlichen Weitergabe während des zweiten Zeitalters (Tretayuga) nach »Aitareya Brahmana« 8.4.21 prophetisch gegenüber dem sechsten Herrscher, Vishvakarman Bhauvana, über die kommende Flut:

> „Ich werde in die Mitte des Wassers stürzen;
> vergeblich war Deine Verbindung mit Kashyapa"
> ([**55**], Seite 336, eigene Übersetzung aus dem Englischen).

Auf die Änderungen im Gefolge dieser Flut bezieht sich dann aber auch »Khândogya Upanishad« 5.4.1 – 5.6.2 (vergleiche dazu auch das nach Maurice Winternitz in: »Einleitung zum Yajur-Veda« in: [**37**], Seite 132 symbolische Menschenopfer in »Yajurveda Samhita« 30, 5 ff. (1640 ff.), [**8**], Seite 413 ff.):

„Der Altar" [*auf dem angenommenermaßen das Opfer geopfert wird*], „ist diese Welt … Auf diesem Altar opfern die Götter (oder: „Geister" …) das Sraddhâ-Trankopfer [*bestehend aus Wasser*]. Von diesem Opfer steigt Soma auf, der König. Der Altar ist Parganya [*der Gott des Regens*], O Gautama; sein Brennstoff ist die Luft selbst, der Rauch die Wolke, das Licht der Blitz, die Kohlen der Donner, die Funken das Donnern. Auf diesem Altar opferten die Götter Soma, den König. Von diesem Opfer steigt Regen auf. Der Altar ist die Erde, o Gautama; sein Brennstoff ist das Jahr selbst, der Rauch der Äther, das Licht die Nacht, die Kohlen die Viertel" [*dem Zusammenhang nach anders als in 5.20.2 die vier Haupthimmelsrichtungen, P.N.*], „die Funken die Viertel dazwischen" [*die Nebenhimmelsrichtungen, P.N.*]. „Auf diesem Alter opferten die Götter (oder: Geister) Regen ..." ([**32**] Part 1, Seite 78 f., in Kursivschrift Einfügungen hinzugefügt).

Nach »Srimad Bhagavatam« 3.13.13 – 17 fand die Flut, die dieses Zeitalter von Kumari Kandam beendete und dadurch den obigen Bruch verursachte, zur Zeit des sechsten Manu statt ([**26**] Vol. 1, Seite 186). Das Datum dieser Flut wird in der armenischen Fassung der »Chronik« des Eusebius von Cäsarea (260/64 – 337/40 n.Chr.) unter Berufung auf Berossos mit etwa 33.000 Jahre vor der Eroberung Babyloniens durch die Meder angegeben ([**11**], Seite 52). Das wäre etwa 33.500 v.Chr. Es lässt sich auch aus der »Altbabylonischen Königsliste« ziemlich damit übereinstimmend errechnen ([**11**] Tabelle 3b, Seite 72 f.). Zieht man aber von diesem Datum, einen jetzigen Präzessionszyklus von astronomisch 25.800 Jahren ([**65**], Seite 170) ab, so kommt man zum Jahr 7700 v.Chr., das heißt, ungefähr in die Zeit des Untergangs von Atlantis (vergleiche hier Seite 15).

Das Datum der ersten Flut, etwa 33.500 v.Chr., bedeutet jedoch, die Herrschaft der ersten ägyptischen Götterdynastie (vergleiche hier Seite 16) begann direkt danach (siehe hier Seite 56) und bildet nur die Fortsetzung einer vorherigen Kultur (vergleiche hier Seite 14). Die Verbindung zwischen der vedischen Kultur und Ägypten bestand jedoch nicht zwangsläufig in der Kolonisierung Ägyptens durch die sogenannten >Arier<, wie dies Paramesh Choudhury ([**52**] Vol. 1, Seite 9 ff. und 233 ff.) und K.C. und S. Aryan ([**66**], Seite 212 f.) annehmen, sondern vielleicht nur in der Herrschaft der vedischen Götter über Ägypten. Den alten Quellen zufolge herrschten diese Götter ja nicht lokal, wie häufig angenommen wird, sondern global. Auch nach der ägyptischen Überlieferung versank aber die „Insel der Schöpfung" {Kumari Kandam?} in einer Katastrophe, wofür E.A.F. Reymond ([**7**], Seite 107) einen Krieg als Ursache vermutet (siehe dazu hier Seite 89)! Nach der babylonischen Überlieferung muss es sich um den Krieg von Marduk handeln, der Tiamat und Kingu (der vielleicht mit Pan identisch ist; siehe hier Seite 114 f.) besiegte (vergleiche auch [**7**], Seite 23!), und die Herrschaft über Götter und Menschen übernahm ([**67**], Seite 583 ff.). Marduk steht dabei für Kronos, der durch diesen Sieg zum älteren Bel [„Herren"; es handelt sich wie bei Indra um einen Titel] wurde ([**67**], Seite 583). Daher ist dieses Geschehen offenbar mit der >Entmannung< des Uranus identisch (siehe dazu hier Seite 114). Die

Zerstörung der Planeten Apsu, die jetzige Oortsche Wolke, und Tiamat, der jetzige Asteroidengürtel zwischen Mars und Jupiter, (siehe unten Abbildung 1), durch Marduk bei diesem Krieg scheint die Ursache der Flut des »Gilgamesh-Epos« und der vedischen Schriften zu sein (vergleiche Tabelle 4 hier Seite 32). Dafür spricht auch »äthiopischer Henoch« 83, 9:

> „Alles dies, mein Sohn" [*gemeint ist wohl Methusalah (Methusalem), G. Beer bezog es aber auf Henoch, der dabei von seinem Großvater Mahalalel angesprochen werden würde, P.N.*], „wird vom Himmel her über die Erde kommen und eine große Zerstörung wird auf Erden stattfinden" ([**68**] Band 2, Seite 288).

Demnach wäre die Ursache der Flut und der astronomischen Änderungen ein Impakt gewesen, der Zusammenstoß der Erde mit einem kosmischen Körper (vermutlich ein Meteorit). So ließe sich auch erklären, weshalb in »1. Mose« 6, 3 die Flut 120 Jahre vor ihrem Eintreten vorausgesagt wurde:

> „Und Jahweh sprach: ‚Mein Geist soll nicht ewiglich mit dem Menschen rechten, da er ja Fleisch ist, und seine Tage seien hundert und zwanzig Jahre" ([**6**], Seite 4 f., Text von mir redigiert).

Der scheinbare Widerspruch zu »1. Mose« 5, 32 (500 Jahre Alter Noahs bei der Geburt seiner Söhne) ergibt sich dadurch, dass der Text der Tontafel »1. Mose« 5, 1b – 32 (vergleiche [**60**], Seite 57 f.) bewußt verschoben worden ist. Er gehört eigentlich hinter »1. Mose« 6, 9b. Am Anfang einer neuen Tontafel wird der letzte Satz der vorherigen Tafel wiederholt, um zu zeigen, an welche Stelle die Tafel gehört (vergleiche [**60**], Seite 68 unter 2.). Einen solchen Übertrag gibt es in »1. Mose« 5, 32 und »1. Mose« 6, 10 (in der Aufzählung [**60**], Seite 68 f. nicht aufgeführt!). Nebenbei bemerkt beweist dies, das P.J. Wiseman mit seiner Darstellung Recht hatte und dass die sogenannte „Quellenscheidungstheorie" der Pentateuch-Kritik von Anfang an unwissenschaftlicher Unsinn war.

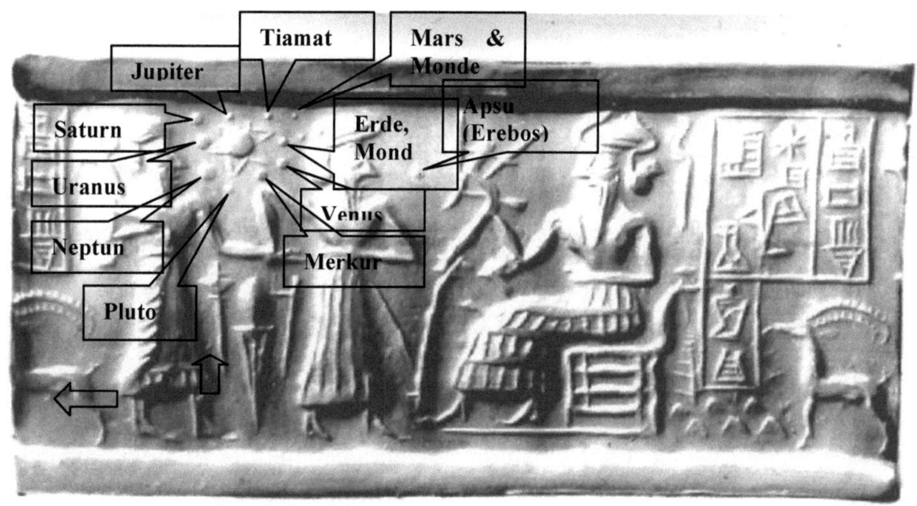

Abbildung 1: Rollsiegel VA 243 (entnommen: [**69**]), etwa 4500 Jahre alt (vergrößerte Darstellung); das Rollsiegel zeigt ein heliozentrisches Weltbild (!!!) mit elf Planeten (einschließlich der zerstörten Planeten Apsu, bei Hesiod „Erebos" genannt, heute die Oortsche Wolke, und Tiamat, heute der Asteroidengürtel, sowie der Monde von Erde und Mars) und zwei offenbar weit entfernte Objekte (durch die Pfeile links unten gekennzeichnet), die vermutlich zum Sonnensystem gehören {also Kometen?}.

Einer der Marsmonde befindet sich nicht sichtbar im Schatten des oberen Randes der Abrollung, einer ist sichtbar. Diese Punkte des Rollsiegels werden allerdings offiziell als „Beschädigungen" angesehen (Joachim Marzahn: »Zur „Sumerischen Sternkarte" des Vorderasiatischen Museums« in: [**70**], Seite 528). Deshalb sollten sie >ausgebessert< werden ([**71**]) oder wurden inzwischen >ausgebessert<. Die Tatsache, dass die mikroskopische Untersuchung dieser Löcher des Siegelzylinders sie als sehr unregelmäßig geformt erwiesen hat, besagt jedoch nicht zwingend, dass es sich um Beschädigungen handelt. Es scheint eher auf ein abgenutztes Werkzeug des Produzenten zurückzugehen, zumindest ist mir nicht ersichtlich, wie flächenmäßig so kleine, aber tiefe Abplatzungen entstanden sein sollten. Dass es sich aber um die Darstellung der Marsmonde handelt, ergibt sich

1. zunächst daraus, dass sie bei dem in der Darstellung auf die Erde folgenden Planeten stehen,

2. daraus, dass es auch zwei Punkte sind, wie der Mars zwei Monde besitzt,

3. ebenso daraus, dass diese Monde genauso außerhalb des Planetenringes dargestellt sind, wie der Mond der Erde und

4. schließlich daraus, dass bei dieser Zählung (wobei nach dem Mars noch der zerstörte Planet Tiamat, der jetzige Asteroidengürtel, zu sehen wäre) auch die Größenverhältnisse zwischen Neptun und Pluto richtig dargestellt wären.

Die ehemals elf Planeten unseres Sonnensystems sind offensichtlich auch in »Krishna (Schwarzem) Yajurveda« 6.4.11 gemeint, wo es heißt:

> „'Ihr Götter, die Ihr elf im Himmel seid', sagt er" [*der Opfernde*]; „so viele sind die *<titanischen>* Götter" [*wörtlich: Daityas*] ([**17**], Seite 631, eigene Übersetzung aus dem Englischen, in spitzen Klammern Einfügung hinzugefügt, siehe auch »Yajurveda Samhita« 33, 47 (1642), [**8**], Seite 440).

Für diese Deutung spricht jedenfalls auch »Krishna (Schwarzes) Yajurveda« 6.4.9, wo es heißt:

> „'Den Göttern, die die Strahlen trinken, Euch', sagt er" [*der Opfernde*]; „'den Göttern, die die Strahlen trinken', *<gemeint>* sind die Strahlen der Sonne" ([**17**], Seite 623, eigene Übersetzung aus dem Englischen, in spitzen Klammern Einfügung hinzugefügt).

Das beweist zugleich, dass auf dem Rollsiegel tatsächlich unser Sonnensystem dargestellt ist. Das Ungewöhnliche daran ist jedoch nicht nur das heliozentrische Weltbild zu einer solch frühen Zeit (ca. 2500 v.Chr.). Vielmehr wurde der Uranus erst 1781 von Wilhelm Herschel (1738 – 1822), der Neptun erst 1846 von J.G. Galle (1812 – 1910), die Marsmonde erst 1877 durch Asaph Hall (1829 – 1907) und der Pluto sogar erst 1930 von Clyde William Tombaugh (1906 – 1997) entdeckt! Das dürfte der Grund sein, weshalb offiziell geleugnet wird, dass diese Darstellung unser Sonnensystem zeigt und weshalb Michael S. Heise auf seiner Webseite (wo er auch eine Übersetzung des Keilschrifttextes auf dem Siegel ins Englische bietet) früher behauptete, das zentrale Symbol stelle gar nicht die Sonne dar, sondern die Venus ([**72**]). Dabei blieb er allerdings die Antwort darauf schuldig, was für Körper denn um sie herum dargestellt sein sollten. Diese Deutung hat er daher entfernt und behauptet nun, es stelle „nicht die Sonne", sondern „einen Stern" dar. Dabei vergißt er jedoch, dass auch unsere Sonne ein Stern ist!

In Bezug auf den heutigen Asteroidengürtel an der Stelle des zerstörten Planeten Tiamat wird allerdings behauptet, es handele sich um Materiestücke, die sich niemals zu einem Planeten formten (z.B. [73]). Aber abgesehen von der äußerst witzigen Vorstellung, dass dann aus der rotierenden Gaswolke Krümel hervorgegangen wären, die sich zu Planeten zusammenballten, finden sich in diesem Gebiet Zwergplaneten! Sie beweisen eindeutig, dass diese Erklärung Unsinn ist und nur völliger Unkenntnis oder dem Willen zugeschrieben werden kann, das Publikum (uns!) zu täuschen; zumindest vollzog sich die Entstehung des Sonnensystems meiner Meinung nach anders:

Es entstand aus einer schnell rotierenden, kugelförmigen Gaswolke, deren Masse durch die Geschwindigkeit der Rotation in Richtung des Äquators wanderte und so ein Elipsoid bildete. Dadurch sank die Temperatur am Äquator, während sich dort gleichzeitig die Geschwindigkeit erhöhte und dadurch Materie ausgeschleudert wurde, die die Planeten bildete. Der Vorgang wiederholte sich, bis die Kugel zu klein war, um noch Materie auszuschleudern, wodurch der Rest zu unserer Sonne wurde, deren Äquator heute noch den der ehemaligen Gaswolke anzeigt. Demnach sind die Planeten von außen nach innen entstanden, weshalb wohl auch die Sumerer sie in Richtung auf die Sonne zählten.

Insgesamt zeigt das Rollsiegel also unser Sonnensystem, darin aber eine ganze Reihe von kosmischen Objekten, die mit bloßem Auge gar nicht sichtbar sind.—

Da das ursprüngliche System der Zeitmessung von Berossos auf der ehemaligen Dauer der Präzession beruht (vergleiche hier Seite 33), beruht auch das indische Yugasystem darauf. Das heißt jedoch, dass dessen Dauer eines Yuga um den Faktor 10 zu groß ist, denn der zugrunde liegende Präzessionszyklus dauerte ja nur 43.200 Jahre, nicht 432.000 Jahre. Wenn ein Satya- oder Mahayuga jedoch tatsächlich die Länge von 10 Yugas (4 + 3 + 2 + 1) gehabt hätte, würde es daher 432.000 und nicht 4.320.000 Jahre gedauert haben. Das widerspricht allerdings »Rigveda« 4.58.3 (vergleiche das Zitat hier Seite 19) und der Darstellung der Fragmente nach Berossos, in denen allein die Dauer des Tretayuga 432.000 Jahre beträgt.

Daraus folgt jedoch auch, dass das indische Yugasystem nicht mehr stimmt, weil am Ende des Tretayuga mit der Flut etwa 33.500 v.Chr. eine astronomische

Änderung stattfand, die mit dem Bruch der Überlieferung (vergleiche hier Seite 32) und der Zeitrechnung (vergleiche hier Seite 33) im Zusammenhang steht. Die Treta- und Dvaparayugas, die nach der vedischen Überlieferung 1.296.000 und 864.000 Jahre dauern müssen hätten (vergleiche Tabelle 2 hier Seite 19), waren in Wirklichkeit kürzer. Das Tretayuga endete den Fragmenten nach Berossos zufolge nach nur 432.000 Jahren bereits etwa 33.500 v.Chr. und das Dvaparayuga begann. Wir befinden uns aber schon im darauf folgenden, letzten Zeitalter, Kaliyuga, also muss auch das Dvaparayuga verkürzt worden sein, wie es das »Krishna (Schwarze) Yajur Veda« 3.2.11.i anzudeuten scheint, das sich nach 3.2.11.f auf das Dvaparayuga bezieht:

> „O Freund Vishnu" [*gemeint ist das Sternbild Orion, siehe hier Seite 78*], „mache Du weiter ausgreifende Schritte" ([**17**], Seite 351, eigene Übersetzung aus dem Englischen)

Diese Änderungen kannte Berossos ganz offensichtlich, denn nach den Fragmenten seiner Schriften rechnet er nach dem ersten Zeitalter nicht mehr mit den Daten des indischen Yugasystems, obwohl er sich darauf bezog.

Das könnte bedeuten, dass das Yugasystem nach der astronomischen Änderung auf der Grundlage unvollkommener Kenntnisse rekonstruiert wurde. Die Angabe der Dauer eines Mahayuga von zehn Yugas könnte aus der falschen Deutung der Dauer des Tretayuga von 432.000 Jahren entstanden sein. Darauf scheint auch »Skanda Purana« VII.i.20.2 hinzudeuten, wo zwar die 1.728.000 Jahre Dauer des Satya- oder Kritayuga gemeint (vergleiche hier Seite 27), die Zahlen aber zu groß sind ([**44**], Seite 119). Dies entstand wohl dadurch, dass nicht mit der, auch schon zu großen (siehe oben), Dauer eines Yuga von 432.000, sondern mit der eines Mahayuga von 4.320.000 Jahren gerechnet wurde.

Die Fragmente nach Berossos beruhen jedoch eindeutig auf indischen Quellen, und ihre Angabe des Alters der Überlieferung bezieht sich offensichtlich auf »Surya-Siddhanta« 1, 2 f. und besonders 1, 57:

> „Jetzt, am Ende des Goldenen Zeitalters [Kritayuga], sind alle Planeten ... im ersten *<Teil>* des Widders in Konjunktion" ([**62**], Seite 57, eigene Übersetzung aus dem Englischen, in spitzen Klammern Einfügung hinzugefügt).

Möglicherweise weist »Surya-Siddhanta« 1, 6 f. sogar auf Berossos hin ([62], Seite 3). Da das zweite Zeitalter, vedisch „Tretayuga" genannt, den Angaben in den Fragmenten nach Berossos zufolge etwa 465.500 Jahre v.Chr. begann, bezieht sich das Alter seiner Quelle von 490.000 Jahren (siehe unten) aber tatsächlich auf das Ende des Kritayuga. Dieses Zeitalter hat nach der vedischen Vorstellung 1.728.000 Jahre gedauert und endete nach den Fragmenten nach Berossos etwa 465.500 v.Chr. Von den Griechen wurde es der Herrschaft von Uranos (vedisch: Dyaus) zugesprochen (vergleiche hier Seite 19), und nach »Mahabharata« 3.149.19 ([14] Vol. 2, Seite 420) und »Surya-Siddhanta« 1, 1 in Verbindung mit 1, 2 und 1, 57 wurde zu dieser Zeit nur Brahma verehrt ([50], Seiten 1 und 57).

Der Übersetzer E. Burgess (1886 – 1966) hat also Unrecht, wenn er meint, in der »Surya-Siddhanta« sei die Präzession unbekannt ([62], Seite 11 und 12), denn sie wird im Yugasystem vorausgesetzt und in 3, 10 auch ausdrücklich genannt ([62] Seite 155). Ebenso begreift er auch nicht, dass die Zeiteinheiten in »Surya-Siddhanta« 1, 11 – 16 ([62], Seite 7 – 13), in »Narasimha Purana« 2, 8 als „unter Sterblichen weit verbreitet" bezeichnet ([24], Seite 15), keine Frucht der „Einbildungskraft" ([62], Seite 9), sondern für die astronomischen Beobachtungen und Aufzeichnungen notwendig waren. Die »Surya-Siddhanta« wurde jedoch 1, 8 f. zufolge (mehrfach) überarbeitet ([62], Seite 5), weil die astronomischen Angaben nicht mehr stimmten ([62], Seite IX). Wie der Gebrauch des Sternbildes Waage in 1, 58 zeigt ([62], Seite 57), geschah dies einmal nach der Zeit von Julius Cäsar (siehe dazu hier Seite 106). Obwohl sich aus »Surya-Siddhanta« 1, 12 f. der ursprüngliche Inhalt zumindest teilweise rekonstruieren lässt ([62], Seite 9), habe ich zu wenig Ahnung von Astronomie, um aus den Unterschieden Rückschlüsse auf die konkreten astronomischen Änderungen ziehen zu können.

Zeitraum v.Chr.	Überlieferer	Ort	Herrscher	Yuga	Herrscher
2.150.000 (2.160.000) − 465.000	Babylonier/Inder	?	?	1.	Uranos (Dyaus)
465.000 − 33.500	Babylonier/Inder	Kumari Kandam	10 Urkönige	2.	Okeanos (Varuna)
32.500 − 17.500	Ägypter/Griechen	Ägypten	8 Götter („Titanen")	3.	Kronos (Dharma)
17.500 − 9000	Ägypter/Griechen	Atlantis / Griechenland	olympische Götter (12)	3.	Poseidon?
9000 − 3600	Ägypter	Ägypten	Totengeister	4.	Hades?
3600 − ?	Ägypter	Welt	Menschen	4.	Zeus?

Tabelle 5: Übersicht über die Vorzeit.

Die 2.150.000 Jahre sind Paul Schnabel zufolge in den Fragmenten nach Berossos angegeben:

> „... Berossos sagt, dass er Aufzeichnungen benutze, die 480.000 Jahre alt seien und 2.150.000 Jahre umfassten ..." ([**16**], Seite 175 f.).

Die „480.000 Jahre" beziehen sich auf »Naturgeschichte« 7, 57 (193) von Caius Plinius Secundus (23 − 79 n.Chr.), wo allerdings 490.000 Jahre genannt sind (in [**74**] 1. Band, Seite 436 sind jedoch statt 49 Myriaden nur 490 Jahre angegeben). Die „2.150.000 Jahre" werden in der armenischen Fassung der »Chronik« des Eusebius von Cäsarea (260/64 − 337/40 n.Chr.) erwähnt ([**75**], Seite 6). Verbrugghe und Wickersham hielten diese Angabe jedoch ebenso für korrumpiert ([**11**], Seite 40, Fußnote 13 und Seite 43, Fußnote 1), wie E. Burgess ohne jede Begründung Berossos „keinen historischen Wert" beimisst ([**62**], Seite VIII), und haben sie willkürlich in „150.000 Jahre" geändert ([**11**], Seite 40 und 43). Das würde jedoch nur Sinn machen, wenn die 150.000 Jahre von den 490.000 Jahren an zurück zählen würden. Da aber all diese Zeitangaben sehr groß sind, ist nicht einzusehen, weshalb die 2.150.000 Jahre weniger glaubhaft als die 490.000 Jahre sein sollten.

Die 2.150.000 Jahre der Fragmente nach Berossos müssen allerdings tatsächlich ein Überlieferungsfehler sein, und es muss sich eigentlich um 2.160.000 Jahre gehandelt haben. Auch Paul Schnabel erhält diese Summe am Ende seiner Tabelle, die aber falsch vom Anfang des ersten Zeitalters (Satya- oder Kritayuga) bis zum Ende des letzten Zeitalters (Kaliyuga) rechnet ([16], Seite 176). Diese 2.160.000 Jahre beziehen sich auch nicht darauf, dass das indische Yugasystem für das 2. und 3. Zeitalter (Treta- und Dvaparayuga) zusammen 2.160.000 Jahre rechnet (vergleiche Tabelle 2 hier Seite 19). Vielmehr muss Berossos die 2.160.000 Jahre als Summe der 1.728.000 Jahre Dauer des Satya- oder Kritayuga nach der vedischen Überlieferung plus der in seinen Fragmenten angegebenen 432.000 Jahre Dauer des Tretayuga verstanden haben. Das Tretayuga hat danach aber etwa 33.500 v.Chr. geendet, während wir uns schon im Kaliyuga befinden. Es muss also noch ein Ereignis gegeben haben, das zu einer Verkürzung des dazwischen liegenden Dvaparayuga führte! Der römische Philosoph Seneca (ca. 4 – 65 n.Chr.) bezieht sich jedoch in seinen »Naturwissenschaftlichen Untersuchungen« 3.29.1 auf Berossos und schreibt:

„Berossos, der Übersetzer des Belos, behauptet, Grund dafür" [*das heißt: für die Wandlung der Welt durch Wasser- und Feuerkatastrophen, P.N.*] „sei der Lauf der Gestirne, und er ist seiner Sache so sicher, dass er sogar einen Termin für Weltbrand und Sintflut ansetzt. Die Erdenwelt, behauptet er, werde nämlich ein Opfer der Flammen, wenn alle Gestirne, die jetzt in verschiedenen Bahnen laufen, im Krebs zusammenkommen … Die Überschwemmung werde aber erfolgen, wenn die gleiche Schar der Gestirne im Steinbock zusammentrifft. Im Sternbild des Krebses findet nämlich die sommerliche Sonnenwende statt, in dem des Steinbocks die winterliche, und diese Sternbilder sind von großer Macht, da sie gerade bei der Wendung des Jahres den Ausschlag geben" ([76], Seite 223, Text von mir redigiert).

Zu dem Unterschied zwischen dem Sternbild Krebs bei Seneca und dem Sternbild Widder in der »Surya-Siddhanta« (vergleiche hier Seite 42) vergleiche »Surya-Siddhanta« 3, 9:

„In einem Zeitalter fällt der Kreis der Sternbilder ostwärts dreißig Grad zurück" ([62], Seite 155, eigene Übersetzung aus dem Englischen).

Für „Grad" steht im Englischen „score of revolutions", jedoch ist mit „Zeitalter" hier ein Sternbild des Tierkreises gemeint, die rechnerisch jeweils 30° des Kreises einnehmen (in Wahrheit sind die Sternbilder unterschiedlich breit). Die »Yajurveda Samhita« 3, 8 (73) gibt dies in Bezug auf das in 3, 7 (72) genannte Sternbild Stier bzw. sein Zeitalter an, wobei auch sie die Grade als „Bereiche" oder „Reiche" (englisch: „realms") bezeichnet ([**8**], Seite 27).

Demnach fanden jedenfalls beide von Seneca angeführten Überschwemmungen im Sternbild Krebs statt. Da die Erde aber im Rahmen der Präzession 2160 Jahre in jedem Sternbild des Tierkreises verweilt, trifft die von Seneca angeführte Aussage von Berossos etwa auf die Zeit des Untergangs von Atlantis zu (vergleiche hier Seite 15). Dies spricht jedoch neben einigen anderen Tatsachen dafür, dass das vedische Kaliyuga zu diesem Zeitpunkt begann. Nach dieser Rechnung sind jedenfalls bisher (2014) nur etwa 2.195.514 Jahre des gegenwärtigen Catur- bzw. Mahayuga (vergleiche Tabelle 2 hier Seite 19) vergangen.

Das Zeitalter von Kumari Kandam

Was hat es nun mit diesem „Kumari Kandam" auf sich, das schon mehrmals erwähnt wurde und offensichtlich in der Vorzeit eine wichtige Rolle spielte? Sumathi Ramaswamy billigt ihm zwar keine Realität zu, schreibt aber unter Berufung auf V. Geetha eher vorsichtig:

> „'... die Gefahr der Phantasie ... liegt im Herzen der historischen Vorstellungen' wie sie sich im Tamilen-Gebiet entfalten" ([77], Seite 164, eigene Übersetzung aus dem Englischen).

Von den Tamilen wird Kumari Kandam mit dem Gebiet Yamas identifiziert, das nach dem indischen »Mahabharata« und den »Puranas« im Süden von Indien lokalisiert war ([116], Seite 94; [77], Seite 109), aber im heutigen Südosten von Indien lag. Dort liegt, wie mit Google Earth gut zu erkennen ist (siehe auch: [53]), Sundaland, ein Gebiet von kontinentaler Ausdehnung, in Meerestiefen, die innerhalb des Meeresspiegel-Anstiegs nach dem Ende der Eiszeit liegen. Hauptsächlich wegen seiner Lokalisierung im Süden Indiens wird das Gebiet von Kumari Kandam aber fälschlich mit dem ehemals von westlichen Wissenschaftlern dort hypothetisch angenommenen Kontinent „Lemuria" gleichgesetzt, wie auch S.C. Jayakaran zugibt:

> „Darum haben Tamil-Anhänger Lemuria, ein Gebilde europäischer Vorstellungskraft, versehentlich mit dem versunkenen Land verbunden, auf das die Sangam-Literatur verweist" ([116], Seite 99, eigene Übersetzung aus dem Englischen).

Kumari Kandam war sowohl die Heimat der vedischen Kultur (der sogenannten „Arier") als auch der Tamilen. Daher ist es falsch, wenn Michael Witzel trotz „des noch weitgehend fehlenden archäologischen Hintergrundes" ([78], Seite 430; 436) behauptet, die „Indoarier" seien aus den „nördlichen Steppen" Zentralasiens nach Indien eingewandert ([78], Seite 436 f. und 439). Offensichtlich ist ihm unbekannt, dass nach »Ynglinga Saga« 5 Odin „mit allen Diar" [*Opferpriestern*] „und viel Mannvolk" westwärts aus Asiens Hauptstadt Asgard (siehe hier Seite 105) auszog ([79], Seite 20)! Ebenso irren K.C. und S. Aryan, aus den sich auf Nordindien beziehenden Ortsangaben des »Rigveda« zu schließen, dies sei das „Heimatland der Arier" gewesen ([66], Seite 111), denn das »Rigveda« entstand erst nach der

Flut (vergleiche hier Seite 22 und siehe Seite 121). Zu Kumari Kandam gehörte bis etwa 33.500 v.Chr. (zu diesem Datum vergleiche hier Seite 37) auch Australien ([**80**], Seite 10; [**81**], Seite 242). Seine Besiedlung durch die Aborigines (nach John Michael Greer etwa 50.000 v.Chr., [**82**], Seite 155, nach Michael Brandt „vor 60.000 Jahren" [**83**], Seite 23) erfolgte daher nach M.S. Purnalingam Pillai vielleicht über Land ([**50**], Seite 15) und Jane B. Sellers Aussage wäre demnach falsch:

> „Wir wissen seit einiger Zeit, dass Australien vor mindestens 30.000 Jahren durch was, wie Studien zeigen, entschlossene und erfahrene Seefahrer gewesen sein müssen, kolonisiert wurde" ([**65**], Seite 47, eigene Übersetzung aus dem Englischen).

Auch das »Ramayana« spielt, zumindest teilweise, auf Kumari Kandam, wofür es einige Hinweise gibt. Weiter überliefern die Fragmente nach Berossos (3. Jahrhundert v.Chr.), dass während der Herrschaft der zehn Urkönige vor der Flut (vergleiche hier Seite 19) Kulturbringer auftraten, die halb wie Menschen und halb wie Fische aussahen und die er „Annedoti" (Einzahl: „Annedotos") nannte. Die genaue Bedeutung dieses Wortes ist heute nicht mehr bekannt, jedoch ist der Name eines dieser Wesen heute noch berühmt: Oannes. Dieser Kulturbringer ist aber offensichtlich mit dem griechischen Okeanos (ägyptisch Nun, vedisch Varuna) identisch ([**84**], Seite 170). Dafür spricht unter anderem der Umhang mit dem Fischkopf (siehe Abbildung 2 hier Seite 49) und die drei Hörnerpaare zwischen dem Fischkopf und dem menschlichen Gesicht (mit denen auch der tibetische Nationalheld Gesar dargestellt wird!). Sie weisen ihn vermutlich der dritten Ebene der Planetengötter zu. Okeanos stammt aber möglicherweise aus Ägypten, da er den Ägyptern zufolge den Nil repräsentiert, denn Diodor sagt von ihm in seiner »Geschichtsbibliothek« I, 12:

> „Die Ägypter glauben nämlich, der Okeanos sei ihr Nil Fluss, bei welchem auch die Geburt der Götter stattgefunden habe" ([**15**] 1. Buch, Seite 24).

Über das Auftauchen von Oannes in Mesopotamien schreibt nun Eusebius von Cäsarea (260/64 – 337/40 n.Chr.) in der armenischen Fassung seiner »Chronik« unter Berufung auf Alexander Polihistor (1. Jahrhundert v.Chr.), der seinerseits das erste Buch der »Geschichte Babyloniens« von Berossos zitiert:

„Im allerersten Jahr erschien, genau wie Apollodoros in seiner Geschichte sagt, vom Rotem Meer (dem Persischen Golf) ein furchterregendes Monstrum namens Oannes in einem Gebiet, das an Babylonien grenzt. Es hatte den ganzen Körper eines Fisches, aber unter dem Haupt des Fisches und daran anschließend gab es einen anderen, menschlichen Kopf, und an den Schwanz des Fisches schlossen sich Füße wie die eines Menschen an, und es hatte eine menschliche Stimme. Seine Form ist bis heute in Skulpturen bewahrt worden.

Berossos sagt, dass dieses Monstrum seine Tage mit den Menschen verbrachte, nie irgendetwas essend, jedoch die Menschen die Kunstfertigkeiten lehrend, die für das Schreiben und um Mathematik zu betreiben und für alle Arten von Kenntnissen notwendig sind: Wie man Städte gründet, Tempel baut und Gesetze erlässt. Es unterrichtete die Menschen, wie Grenzen zu bestimmen sind und Land aufzuteilen ist, ebenso wie man Samen pflanzt und dann deren Früchte und Gemüse zu ernten. Kurz gesagt, es unterrichtete die Menschen in all jenen Dingen, die zu einem sesshaften und zivilisierten Leben führen. Seit dieser Zeit ist nichts Neues entdeckt worden. Am Ende des Tages ging dieses Monstrum Oannes zum Meer zurück, um die Nacht zu verbringen. Es war amphibisch, sowohl in der Lage an Land als auch im Meer zu leben" ([11], Seite 44, eigene Übersetzung aus dem Englischen).

Abbildung 2: Babylonische Darstellung von Oannes (entnommen [85]; siehe dazu hier Seite 57).

Und an einer anderen Stelle der armenischen Fassung seiner »Chronik« schreibt Eusebius unter Berufung auf Apollodoros, der sich auf das zweite Buch der »Geschichte Babyloniens« von Berossos bezieht:

„Und nach Amelon regierte Ammenon der Chaldäer."

[*„Chaldäer" kann hier noch nicht im Sinne des späteren Volkes, sondern muss im Sinne von „Astronom" gemeint sein, vergleiche*

»Erdbeschreibung« 16.1.6 des griechischen Geographen Strabo, 64/63 v.Chr. – ca. 24 n.Chr., in: [86] *Band II, siebentes Bändchen, Seite 5, P.N.*]

„Während seiner Regierung erschien das Monstrum Oannes, der Annedotos vom Roten Meer (dem persischen Golf). Alexander Polyhistor behauptet, dieser sei im ersten Jahr" [*der Regierung Ammenons, P.N.*] „erschienen, Berossos <behauptet>, nach vierzig Saroi" [*das heißt, nach 144.000 Jahren, was nicht mit der Königsliste übereinstimmt, P.N.*], „und Abydemos sagt, er sei das zweite Monstrum, der zweite Annedotos gewesen, der nach sechsundzwanzig Saroi" [*das heißt, nach 93.600 Jahren, was mit der Königsliste und der obigen Angabe Alexander Polyhistors übereinstimmt, P.N.*] „erschien" ([11], Seite 48, eigene Übersetzung aus dem Englischen, in spitzen Klammern Einfügung hinzugefügt).

Oannes erschien danach jedenfalls erst am Beginn der Herrschaft des vierten der insgesamt zehn vorsintflutlichen Herrscher Babyloniens. Aus den Angaben in den Fragmenten nach Berossos umgerechnet fällt sein Auftreten etwa in das Jahr 372.000 vor Christus. Daher kann sich seine Lehrtätigkeit jedoch nicht auf den Homo Sapiens bezogen haben, sondern wohl nur auf den Homo Erectus, von dem Michael Brandt unter Berufung auf einen »Science«-Artikel von C.C. Swisher und anderen von 1994 (in Nr. 263, Seite 1118 - 1121) schreibt:

„Allerdings gibt es weit entfernt von Afrika in Südostasien (Indonesien) Knochenüberreste von Homo Erectus, die auf 1,81 Millionen Jahre datiert werden" ([83], Seite 22).

Dagegen schreiben jedoch Christian M. Schoppe und Siegfried G. Schoppe noch 2004 über die Entwicklung, allerdings auch die obige Deutung bestätigend:

„Der Homo Erectus entsteht vor etwa 1,5 Millionen Jahren in Afrika. Aus ihm entwickeln sich etwa 150.000 vor Christus die Neandertaler. Der moderne Mensch Homo sapiens folgt etwa 120.000 vor Christus in Afrika. … 40.000 vor Christus tritt der weiter entwickelte heutige Mensch Homo Sapiens Sapiens das erste Mal in Europa auf und koexistiert mit dem Neandertaler bis etwa 35.000 vor Christus. Ab 35.000 vor Christus verschwindet der Neandertaler von der Weltbühne" ([87], Seite 13).

Die Aussage bei Dr. Phil. Paul A. LaViolette scheint ebenso die Zeit des Auftretens des Homo Sapiens zu bestätigen:

„Studien von DNA-Mutationsraten legen nahe, dass der moderne Mensch irgendwann zwischen vor 150.000 bis 300.000 Jahren entstand" ([81], Seite 322, eigene Übersetzung aus dem Englischen).

Auch Michael Brandt zufolge, ist, damit übereinstimmend,

„… der anatomisch moderne Mensch auf unserer Erde zum ersten Mal vor knapp 200.000 Jahren fossil nachweisbar …" ([83], Seite 73).

Der Homo Erectus hatte dagegen laut Michael Brandt schon vor 400.000 Jahren einen Mondkalender entwickelt und aufgezeichnet ([83], Seite 21). Diese Datierung scheint nach dem Obigen offensichtlich eine Zurückführung auf das Wirken von Oannes auszuschließen, zeigt aber zumindest eine angeborene Lernbegierde des Homo Erectus. Es ist jedoch durchaus denkbar, dass sich die Aussage dennoch auf die Zeit des Auftretens von Oannes bezieht, da aus dem Text bei Michael Brandt nicht hervor geht, mit welcher Methode datiert oder ob die Zahl gerundet wurde. Wenn dies zuträfe, wäre es jedoch zumindest ein Indiz für die Unterweisung unserer Vorfahren durch die Götter.

Dass die Menschen aber erst durch Oannes unterrichtet und zivilisiert wurden, weist darauf hin, dass die zehn ersten Herrscher zunächst nur über die Anunaki (in der »Bibel« „Nephilim" genannt, vergleiche hier Seite 26) herrschten, nicht über die Menschen. Aus demselben Grund müssen die Könige, in deren Zeit Oannes und seine Nachfolger auftraten, aber offenbar auch als nichtmenschlich, das heißt: als göttlich, verstanden werden, was ein anderes Licht auf ihre Herrschaftszeiten wirft (vergleiche das Zitat aus »Harivamsa Purana« 1.41.147 hier Seite 30). Dann wäre allerdings die Ansicht von R.A. Schwaller de Lubicz's (1887 – 1961) falsch:

„Auf der anderen Seite kannten Assyrien und Babylonien niemals eine echte Theokratie" [*das heißt: Götterherrschaft, P.N.*], „welche die Beherrschung des gesamten Lebens eines Volkes durch spirituelle Wahrheiten bedeutet" ([88], Seite 6, eigene Übersetzung aus dem Englischen).

Das plötzliche „Auftauchen" von Oannes aus dem Meer" könnte dabei einfach die Beschreibung des Anlandens eines Schiffes sein, wie denn auch Ea (Enki, griechisch: Okeanos) ein Boot zugesprochen wird, mit dem er das Meer befährt ([**89**], Seite 170). Darüber heißt es in dem sumerischen Text »Gilgamesh, Enkidu und die Unterwelt« (wobei mir allerdings die zugrunde liegende englische Übersetzung von S.N. Kramer zweifelhaft zu sein scheint):

„Nachdem Enki die Segel gesetzt hat, nachdem er Segel gesetzt hat,
nachdem der Vater [Enki] zur Unterwelt Segel gesetzt hat
(...)
Überwinde im Kampf den Kiel von Enkis Boot wie ein angreifender Sturm.
Gegen den König [Enki] verschlingt das Wasser vor dem Boot wie ein Wolf,
Gegen Enki schlägt das Wasser hinter dem Boot nieder wie ein Löwe"
(zitiert nach [**90**], Seite 34, eigene Übersetzung aus dem Englischen).

Dafür könnte auch die Darstellung einer Gemme aus Babylon sprechen, die deutlich an eine Bootsdarstellung erinnert.

Abbildung 3: Babylonische Gemme (entnommen [**91**], Seite 117, Abbildung 37; die Pfeile wurden von mir hinzugefügt und verweisen auf die Teile der Darstellung, die auf ein Boot hindeuten).

So schreibt auch E. v. Starck in »Babylonien und Assyrien nach ihrer alten Geschichte und Kultur dargestellt«:

„Wieder andere meinen, in Berossos werde mit poetischer Freiheit die Tatsache dargestellt, dass seefahrende Leute, die mit ihren Schiffen vor der babylonischen Küste lagen, die Einwohner des Landes am Tage mit ihrem Wissen bekannt machten, am Abend aber wieder auf ihre Schiffe gingen, um da zu übernachten. Dieser Auslegung dürfte wohl mancher Beifall spenden, und vielleicht auch der Vermutung, dass diese Seefahrer aus Ägypten gekommen seien, nur Fr. Hommel urteilt anders" ([**84**], Seite 25, Text von mir redigiert).

Die Herkunft des Schiffes sah man natürlich im Roten Meer, denn es war an einer seiner Küsten gelandet. Das könnte aber für seine Herkunft aus Ägypten sprechen, das zu dieser Zeit noch in Äthiopien lag. Verbrugghe und Wickersham deuten allerdings die Erwähnung des Roten Meeres im Text auf den Persischen Golf, wie die Klammer in ihrem Text zeigt (vergleiche das Zitat hier Seite 49 f.). Das entspricht auch der Verwendung des Namens bei Herodot, der aber in »Historien« IV, 42 die „arabische Bucht" (das heutige Rote Meer) zum Roten Meer zu zählen scheint ([2] Band I, Seite 328 f.). Dieses könnte seinen Namen demnach also von der früheren Bezeichnung des Persischen Golfes erhalten haben. Wenn aber tatsächlich der Persische Golf gemeint gewesen wäre, wäre eine Herkunft von Oannes aus Kumari Kandam wahrscheinlicher, von dem Alec Maclellan schreibt:

> „Eine der ältesten Legenden Indiens, die in den Tempeln weitererzählt und später auch schriftlich festgehalten wurde, berichtet, dass vor mehreren hunderttausend Jahren ein riesiger Kontinent existierte, der von einer geologischen Katastrophe zerstört wurde, wobei nur die Halbinsel von Hindustan" [*das heißt: Indien, P.N.*] „verschont blieb. Die Brahmins" [*das heißt: die Brahmanen, die Hindhu-Priester, P.N.*] „gehen davon aus, dass es in diesem Land eine Hochkultur gab, von der wir heute nur Legenden kennen" ([92], Seite 53).

Zum Alter der Überlieferungen von Oannes schreibt jedenfalls Eduard Meyer, allerdings in Bezug auf die Überlieferung der Dynastien nach der Flut des »Gilgamesh-Epos«:

> „Die Tontafeln, denen wir diese Listen verdanken, sind um 2000 v.Chr. geschrieben; sie beweisen, dass die Überlieferung über die Urzeit Sinears" [*der biblische Name Sumers, P.N.*] „in der Zeit des Reichs von Sumer und Akkad und des Amoriter-Reiches von Babel, abgesehen von den unvermeidlichen Varianten und Schreibfehlern, bereits diejenige Gestalt angenommen hatte, in der sie dann in den dürftigen Auszügen aus Berossos vorliegt und in der sie auch Kallisthenes kennen gelernt hat, wenn er berichtet, die astronomischen Beobachtungen in Babylon erstreckten sich bis auf Alexander hinab über einen Zeitraum von 31.000 Jahren" ([93], Seite 35, Text von mir redigiert).

Dies alles zeigt also, dass das (bisher nicht gefundene) Herkunftsland der sogenannten „Arier" ([94], Seite 87) in Kumari Kandam gelegen haben muss.

Die Sangam Universitäten

Die Aussagen der Fragmente nach Berossos über Oannes decken sich nun aber auch mit der Überlieferung der Tamilen über eine alte Hochkultur auf Kumari Kandam. Der tamilischen Überlieferung zufolge bestand auf diesem jetzt versunkenen Kontinent eine Sangam {Cankam} Universität ([**77**], Seite 128 und Pandit D. Savariroyan (Herausgeber): »A Note on the Sangam Periods« in: [**95**], Seite 14). Der Begriff „Sangam Universität" bedeutet, dass es sich um eine Dichter-Akademie handelte, deren wissenschaftliche Werke in Gedichtform verfasst waren. K.K. Pillai zufolge wurden an ihr 8598 Dichter ausgebildet, „unter denen auch einige Götter waren" ([**80**], Seite 18). Dies fand nach der indischen Zeiteinteilung im 2. Zeitalter, Tretayuga (vergleiche Tabelle 2 hier Seite 19), statt, dessen Haupttugend nach »Manusmrti« 1, 86 <das Erlangen von> Wissen war ([**21**], Seite 24; [**22**], Seite 31). V. Kanakasabhai (1855 – 1906) schreibt daher in »The Tamils Eighteen Hundred Years Ago«:

> „Dass die Tamilen vor der Ankunft der Arier einen hohen Grad von Zivilisation erreicht hatten, ist durch die Tatsache unbestreitbar festgestellt, dass die reine tamilische Sprache so umfangreich und exakt ist, dass sie sehr gut ohne die Übernahme von Sanskrit Worten auskommt. Tatsächlich sind in den antiken tamilischen klassischen Werken die Musik, Grammatik, Astronomie und selbst abstrakte Philosophie betreffenden Begriffe von rein tamilischer Herkunft, und sie zeigen am klarsten, dass diese Wissenschaften von den Tamilen lange vor der Ankunft der Brahmanen oder anderer arischer Immigranten kultiviert waren" ([**96**], Seite 22, eigene Übersetzung aus dem Englischen).

M.S. Purnalingam Pillai (1866 – 1947) nennt die tamilische Sprache „eine der frühesten (wenn nicht die früheste) Sprache der Welt" ([**50**], Seite 34, siehe dort auch Seite 43 f.). Der Existenz dieser Sangam-Universität wird eine <u>unterbrochene</u> Gesamtdauer von 9990 Jahren zugesprochen ([**80**], Seite 18; [**97**], Seite 98), deshalb kann die Darstellung ihrer Perioden von M.S. Purnalingam Pillai ([**50**], Seite 42) nicht stimmen. Wegen des etappenweisen Versinkens des Kontinentes Kumari Kandam, musste sie zweimal neu gegründet werden und ihren Sitz verlagern ([**50**], Seite 42; [**80**], Seite 11; [**95**], Seite 14 und 15). Der erste Sitz war Ten Madurai (das südliche Madurai), das früher Muthur hieß ([**50**], Seite 35), dann folgte Kapadapuram und schließlich Vada Madurai, das jetzige Madurai ([**80**], Seite 52). Nallasami Pillai (1864 – 1920) schreibt 1898 zu den Unterbrechungen:

> „Selbst die existierenden Werke in tamilischer Sprache sprechen von drei getrennten Fluten, die die Küsten im äußersten Süden vollständig überschwemmten und alle literarischen Schätze von Zeitaltern mit sich fortrissen" (zitiert nach: [**77**], Seite 103, eigene Übersetzung aus dem Englischen).

Allerdings wird die dritte dieser Fluten auf das Versinken eines Teils von Südindien in historischer Zeit bezogen ([**50**], Seite 42, vergleiche oben das Zitat von Nallasami Pillai). Wenn jedoch der letzte Teil von Kumari Kandam, wie ich es annehme (siehe auch [**50**], Seite 41), in der Flut etwa 9000 v.Chr. versank, in der auch Atlantis unterging (vergleiche hier Seite 15), dann hätten dort drei Fluten von globalen Ausmaßen (die Flut des Ogyges etwa 10.000 v.Chr. war nur regional) stattgefunden:

- die des »Gilgamesh-Epos« und der »Puranas« etwa 33.500 v.Chr. ([**66**], Seite 113; siehe unten),
- die des Deukalion etwa 12.000 v.Chr. (zu diesem Datum vergleiche [**98**], Seite 30 f. und Graham Hancock: »Königreiche der Eiszeit« in: [**99**], Seite 339)
- und die, in der Atlantis unterging, etwa 9000 v.Chr. (vergleiche hier Seite 15).

K.K. Pillai schreibt nun zu den drei Sangam Universitäten:

> „Es ist nicht möglich, festzustellen, ob drei Sangams" [*gemeint ist: Dichter-Akademien, P.N.*] „existierten oder nur eine" ([**80**], Seite 18, eigene Übersetzung aus dem Englischen).

Andererseits sagt er aber auch:

> „Es kann sein, dass die Theorie von drei tamilischen Sangams kein reiner Mythos ist" ([**80**], Seite 11, eigene Übersetzung aus dem Englischen).

Ihre Existenz legt er allerdings in „die frühen Jahrhunderte der christlichen Ära" ([**80**], Seite 19), in »Sangam Literatur« wird zwischen 100 und 300 n.Chr. als Zeitraum angenommen ([**97**], Seite 98), was jedoch schlecht zu der überlieferten

Anzahl der Pandya-Könige passt. Für die Datierung spielt nun aber die Zeit des Auftretens von Oannes in den Fragmenten nach Berossos eine entscheidende Rolle.

Wenn man sich den Inhalt des von Oannes vermittelten Wissens ansieht (vergleiche das Zitat hier Seite 49), kommt man nicht umhin, ihn tatsächlich als >Universitätslehrer< zu betrachten. Auch in Fragment F1 nach Berossos wird aber berichtet, dass die verschiedenen, der Gattung von Oannes angehörenden Lehrmeister zu verschiedenen Zeiten, an verschiedenen Orten auftraten ([11], Seite 44). Sie werden in Fragment F3 nach Berossos „Annedoti" (Einzahl: „Annedotos") genannt und nach diesem Fragment traten sie ebenfalls an drei Orten als Lehrer auf ([11], Seite 48).

Die in den Fragmenten nach Berossos angeführten Könige herrschten vor der Flut des »Gilgamesh-Epos«, die etwa 33.500 v.Chr. stattfand ([11], Seite 52 und die Tabelle dort Seite 73; vergleiche hier Seite 37). Dieses Datum stimmt mit der Zeit des letzten Höhepunktes der Konzentration von kosmischem Staub (was auf einen Land-Impakt hinweist, vergleiche hier Seite 38) etwa 33.300 v.Chr. in Eisproben aus Grönland bei Dr. Phil. Paul A. LaViolette überein ([81], Seite 116). Später schreibt er, dass während der letzten Phase der Wisconsin Eiszeit, etwa 31.000 bis 13.000 v.Chr., in Grönland und der Antarktis gefallener Schnee eine „bis zu siebzigfach höhere Konzentrationen von windbewegtem Staub enthielten" als während der letzten 11.600 Jahre ([81], Seite 155). Und noch später sagt er über diese Zeit:

„Neandertaler starben vor 35.000 Jahren" [*also 33.000 v.Chr., P.N.*] „während einer Zeit praktisch aus, als die Erde von kosmischer Strahlung hoher Intensität, einer hohen Zuflussrate kosmischen Staubes, geomagnetischer Störung und allgemein klimatischem Aufruhr heimgesucht wurde" ([81], Seite 322, eigene Übersetzung aus dem Englischen).

Auch eine Angabe von Ferdinand Speidel weist ungefähr in die Zeit 33.000 v.Chr.:

„Der niederländische Geologe P.H. Kuenen wies auf Funde von Korallen hin, die im Ligurischen Meer" [*westlich von Italien, nördlich von Korsika, P.N.*] „aus einer Tiefe von 2400 Metern geborgen wurden; ihr Alter wurde mit 32.000

Jahren bestimmt. Daraus ist der Schluss zu ziehen, dass das Meer dort zu dieser Zeit um 2000 Meter abgesunken ist …" ([**100**], Seite 165).

Korallen benötigen Sonnenlicht ([**82**], Seite 140) und können daher nach Emmet Sweeney nur bis in 40 Meter Wassertiefe entstanden sein:

„An verschiedenen Punkten entlang des Mittelatlantischen Rückens fand die Expedition tief unter dem Ozean und weit von jeder modernen Küstenlinie entfernt große Mengen Korallen auf. Weil Korallen nur in flachem Wasser nahe Küstenlinien wachsen (keine Art kann in einer Tiefe von mehr als 40 Metern überleben), bildet dies einen erstklassigen Beweis für die frühere Existenz von Inseln in oder nahe den Regionen, wo die Korallen gefunden wurden" ([**101**], Seite 66, eigene Übersetzung aus dem Englischen).

Ihr Alter bestimmt den Zeitpunkt ihres Versinkens, daher muss seit dieser Zeit der Meeresspiegel um ca. 2400 Meter <u>gestiegen</u> oder der <u>Meeresboden</u> gesunken sein.

Im »Enuma Elish« ist die Zeit vor der Flut des »Gilgamesh-Epos« die Zeit von Tiamat und Kingu, die vermutlich mit Eurynome/Kumari und Ophion/ Dhananjaya identisch sind. Von Tiamat wird in der 3. Tafel Zeile 24 und 83 des »Enuma Elish« gesagt, dass sie „Riesenschlangen" gebar ([**67**], Seite 580 und 581). Außerdem wird von ihr dort in Zeile 33 und 90 gesagt, dass sie den „Fisch-Mensch" erschuf ([**67**], Seite 580 und 581), was an Oannes denken lässt, dem ja ein menschlicher Kopf und menschliche Füße zugeschrieben werden (vergleiche Abbildung 2 hier Seite 49). Das Fragment F1 nach Berossos zeigt jedenfalls, dass Oannes in der Zeit vor der Flut auftrat, daher muss er auch mit Okeanos/Varuna/Nun identisch sein, der ja in alten griechischen Darstellungen mit Fischschwanz dargestellt wird ([**102**], vergleiche die Pfeile in Abbildung 2 hier Seite 49).

In der 4. Tafel des »Enuma Elish« wird über den ersten Krieg der Götter berichtet ([**103**], Seite 59 ff.). Dieser Krieg muss mit dem Sturz von Uranus durch Kronos und kann demnach nicht mit dem Krieg beim Quirlen des Milchozeans identisch sein.

Der Untergang von Kumari Kandam

Kumari Kandam bildete einst zusammen mit Europa, Asien und Afrika den größten Weltteil, der in den vedischen Schriften „Jambudvipa" genannt wird. Etwa 33.500 v.Chr. versanken dann große Teile davon in der Flut des »Gilgamesh-Epos«, die mit der Flut der indischen Überlieferung identisch ist (vergleiche Tabelle 4 hier Seite 31). Den Angaben nach muss dieser Kontinent jedoch ehemals tatsächlich den Süden der Erde gebildet haben. In der Tat beschreibt der chinesische Philosoph Liä Dsi (ca. 400 v.Chr.) in »Das wahre Buch vom quellenden Urgrund« Buch V, 1 ein Ereignis, das die jetzige Lokalisierung erklären könnte:

> „Zu ihm" [*das heißt Nü Wa, der Sohn, oder nach anderen die Schwester Fu Hi's, eines der Gottmenschen und Begründer der primitiven Kultur, P.N.*] „kam Gung Gung" [*der Wasserdämon, Okeanos? P.N.*]; „als der mit Dschan Hü" [*der Enkel des gelben Herrn, Kronos? P.N.*] „um die Herrschaft stritt, stieß er in seinem Zorn an den Berg Unvollkommen und zerbrach des Himmels Säule" [*das heißt, die Erdachse, P.N.*] „und zerriss der Erde Band" {*tektonische Platten? P.N.*}. „Darum fiel der Himmel nach Nordwesten, und Sonne, Mond und Sterne neigen sich seitdem dorthin" [*das heißt, die Erdachse neigte sich, P.N.*]. „Die Erde aber füllt den Südosten nicht mehr aus, darum fließen alle Flüsse und Ströme dorthin" ([**104**], Seite 98, Text von mir redigiert).

Auf den Zusammenhang der Aussage von Liä Dsi mit einer Flutkatastrophe weist aber der Übersetzer des zitierten Werkes, Richard Wilhelm (1873 – 1930), noch in seiner Endnote 18 zu Buch II hin:

> „… die Herrschaft Nü Was <*ist*> dadurch bekannt, dass er unter dem Zeichen des Holzes (der ‚Holzstern' ist Jupiter) regierte. Er hat ebenfalls Schlangenleib und Menschenkopf (nach anderer Überlieferung Stierkopf). Unter ihm empörte sich Gung Gung, der unter dem Zeichen des Wassers stand und durch das Wasser das Holz besiegen wollte (während korrekterweise das Wasser eine frühere Stufe als das Holz repräsentiert). Er stieß dabei an den Berg ‚Unvollkommen' (Bu Dschou Schan) und zerbrach die Pfeiler des Himmels, und die Erde sank im Südosten in die Tiefe. Nü Wa nahm darauf Steine von fünf Farben, die er schmolz, um den Himmel auszubessern, und befestigte die Erde auf den vier Füssen einer Schildkröte (vgl. V, 1). Es ist nicht ausgeschlossen, dass in dieser Erzählung eine alte Sintflutsage durchschimmert"

([**104**], Seite 193, Text von mir redigiert, in spitzen Klammern Einfügung hinzugefügt).

In der Endnote von Richard Wilhelm sinkt zwar „die Erde im Südosten in die Tiefe", in dem Zitat von Liä Dsi jedoch „der Himmel nach Nordwesten"; es handelt sich aber um keinen Widerspruch, sondern beide Aussagen stimmen überein. Das „Zeichen des Holzes", von dem Liä Dsi spricht, deute ich eher auf die dritte Menschheit, von der der römische Dichter Vergil (70 – 19 v.Chr.) in seiner »Aenaeis« VIII, 314 - 318 sagt:

„Früher bewohnten den Wald einheimische Faune und Nymphen
und ein Geschlecht, Baumstümpfen und knorrigen Eichen entsprossen,
Menschen, die Sitte und Zucht nicht kannten, nicht Stiere zu schirren,
Gut zu erwerben und klug das Erworb'ne zu sparen verstanden,
welche nur die Jagd und der Baumzweig mühselig nährte"
([**105**], Seite 267, Text von mir redigiert).

Diese Beschreibung passt durchaus auf die von Oannes unterrichteten Menschen, denn diese lernten ja erst von ihm die entsprechenden Kenntnisse (vergleiche das Zitat hier Seite 49). Das aus „Baumstümpfen und knorrigen Eichen" entsprossene Geschlecht {gemeint ist wohl eine dem Wald entstammende Menschenart} erinnert an „Ask und Embla" [das heißt: Esche und Ulme] in »Völuspa« 11 in der »Edda«:

„Bis drei Asen
aus dieser Schar,
stark und gnädig,
zum Strand kamen:
Sie fanden am Land,
ledig der Kraft,
Ask und Embla,
ohne Schicksal"
([**64**], Seite 34).

Dasselbe sagt jedoch auch Hesiod in »Werke und Tage« 143:

„Aber ein anderes, drittes Geschlecht der schwächlichen Menschen,
ein ehernes, schuf der Vater aus Eschen …"
([**106**], Seite 51, Text von mir redigiert).

Damit übereinstimmend, wird auch die dritte Menschheit des »Popol Vuh« aus Holz geschaffen, und ähnlich wie in der »Edda« wird auch von ihr gesagt, dass sie „keine Seele, keinen Verstand" hatte ([107], Seite 35). Dass es sich um die dritte Menschenart handelte, die jedoch nach Berossos und den vedischen Texten im zweiten Zeitalter (Tretayuga) auftrat, hängt vielleicht damit zusammen, dass es zwei unterschiedliche Namen des ersten Zeitalters gibt (Satya- und Kritayuga). Sie könnten auf die Herrschaft von Brahma und Uranus zurückgehen.

Die von Liä Dsi oben genannten fünf Farben könnten nun die der Menschenrassen, Schwarz, Braun, Rot, Gelb und Weiß bezeichnen, dafür spricht die Angabe in Buch V, 1, auf die im obigen Zitat von Richard Wilhelm verwiesen wird:

„Darum hat vor Alters Nü Wa Steine von **allen** Farben ausgesucht, um den Schaden auszubessern und hat die Beine einer Riesenschildkröte abgebrochen, um sie als die vier Pole aufzustellen" ([104], Seite 98, Hervorhebung hinzugefügt).

Die Angabe „um den Schaden auszubessern" würde sich dann auf die während der Flut untergegangene Kultur beziehen, denn die verschobene Erdachse wird ja erst danach durch die „vier Beine einer Schildkröte" beschrieben. Damit wären aber meiner Meinung nach die vier Haupthimmelsrichtungen um den zum Nordpol gewordenen Südpol gemeint (siehe die Beschreibung des indischen »Srimad Bhagavatam« hier Seite 79).

Richtungsfarben				
Richtung	Hopis	Maya	Chinesen	Tibeter
Osten	Rot	Rot	Blau	Rot
Norden	Gelbweiß	Weiß	Schwarz	Blau
Westen	Gelb	Schwarz	Weiß	(Schwarz)
Süden	Blau	Gelb	Rot	Weiß
Zentrum	?	Grün	Gelb	Gelb

Tabelle 6: Die Richtungsfarben bei den Völkern (nach: [108], Seite 80, [109], Seite 27, 31, 33, 38; [110], Seite 67)

Der Unterschied in der Zuordnung der Farben zu den Himmelsrichtungen zwischen den Chinesen einerseits und den Hopis, Mayas und Tibetern andererseits scheint darauf hinzudeuten, dass die Erde umgekippt ist (siehe hier Seite 75 ff.). Wenn bei den Chinesen Blau der ursprüngliche Norden war, Schwarz der ursprüngliche Westen, Weiß der Süden, Rot der Osten und Gelb das Zentrum, würde das bedeuten,

- dass die Richtungsfarben der Chinesen Gebieten auf der Erde [Erdteilen!] zugeordnet sind und
- dass die Erde um etwa 45 Grad gekippt wäre (vergleiche hier Seite 58 und siehe hier Seite 88), wofür auch Valmikis »Ramayana« 4, 40 spricht, wonach einst ein Viertel der Erde ohne Sonnen- und Mondschein war ([111] Vol. 2, Seite 812).

Das könnte auch die Ursache für die Angabe in »Krishna (Schwarzem) Yajur Veda« 7.1.10 sein, dass es ursprünglich keine Jahreszeiten auf der Erde gab ([17], Seite 678), was sich auf die Zeit beziehen könnte, von der es in »1. Mose« 2, 5 in der »Bibel« heißt:

„… denn Jahweh Elohim hatte nicht regnen lassen auf die Erde …“
([6], Seite 2).

Richtungsfarben und ihre Bedeutung				
Farbe		**Richtung**		**Bedeutung**
Blau	=	Norden	=	Meer {Himmel?}
Schwarz	=	Westen	=	Dunkelheit, Nacht
Weiß	=	Süden	=	„Schnee und Eis“
Rot	=	Osten	=	„Morgenröte“
Gelb	=	Zentrum	=	Sonne/Äquator (!)

Tabelle 7: Die ursprünglichen Richtungsfarben und ihre Bedeutung

Die Richtungsfarben sind offensichtlich ursprünglich von den Eigenschaften der Weltgegenden abgeleitet. Unter den vier Haupthimmelsrichtungen wären dann in dem Sinne „vier Pole“ der Erde zu verstehen, dass damit Nord- und Südpol, sowie die Schnittpunkte zwischen dem Äquator und dem Nullmeridian gemeint wären.

Der Nullmeridian ist ja praktisch das Gegenstück zum Äquator: wie der Äquator den Norden vom Süden trennt, so trennt der Nullmeridian den Osten vom Westen, vergleiche dazu Valmikis »Ramayana« 4, 40 ([**111**] Vol. 2, Seite 812). Daher spricht der römische Dichter Ovid (43 v.Chr. – 17/18 n.Chr.) in »Metamorphosen« IV, 214 von einem „westlichen Pol" ([**112**], Seite 87).

Demnach wären jedoch die Richtungsfarben der Chinesen ursprünglich anderen Himmelsrichtungen zugeordnet gewesen, also auch erst nach der Katastrophe den veränderten Gegebenheiten angepasst worden, sie wären dann aber die ältesten. China war ja tatsächlich einst ein Teil von Kumari Kandam, was sich in den Farben durch die Beibehaltung des gelben Zentrums ausdrückt. Die chinesischen Richtungsfarben wurden jedenfalls laut Robert Charroux (1909 – 1978) auch an der großen Pyramide von Xi'an in der Provinz Shaanxi als ehemalige Bemalung der Seiten und der Spitze festgestellt ([**113**], Seite 97). Dies lässt aber darauf schließen, dass die Unterschiede auf Änderungen zurückzuführen sind, die sich irgendwann in der Geschichte ereignet haben.

Dass bei Liä Dsi oben die (einschließlich des Zentrums) fünf Richtungsfarben gemeint sein könnten, spricht tatsächlich für eine einstige Änderung der Lage der Erdachse. Damit übereinstimmend schreibt Uwe Topper über Claudius Ptolemäus (etwa 100 – 178 n.Chr.):

> „Ptolemäus benützte bei seiner Beschreibung des Weltkreises eine Gradeinteilung ähnlich dem Koordinatensystem, so dass jeder Ort mit zwei Zahlenwerten versehen war. … Wenn man seine Gradangaben für Spanien in eine moderne Karte einzeichnet, ergibt sich ein Bild, das … dem Griechen … unvorstellbar gewesen sein musste: Die Breitengrade waren schräg zu den heutigen geneigt, und zwar nach Norden abweichend, wenn man nach Osten blickt. Der Äquator entsprach demnach etwa dem heutigen Lauf des Amazonas … Ein Breitengrad verlief durch Setubal – Montemor – Badajoz – Belmonte – Jerica – Castellon de la Plana" ([**114**], Seite 65 f.).

Als Grund für diese Tatsache führt er darauf an:

> „Unsere heutige, abgeänderte Gradeinteilung beruht auf einer Renaissance, die notwendig war, da die Erdachse – und damit der Äquator – sich vor

Jahrtausenden ruckartig verschoben hat. Dieser Umstand war Ptolemaios wohl nicht bekannt" ([**114**], Seite 66).

Das bedeutet jedoch offenbar, dass Ptolemaios ältere Aufzeichnungen kopierte, die er nicht vollständig verstand.

Auch die Ägypter scheinen aber mindestens seit 1500 v.Chr. die Existenz von vier Hautfarben der Menschenrassen zu überliefern:

„So frühzeitig, wie dieses Datum *<zeigt>*, hatten die Ägypter die Menschheit in vier verschiedene Arten geteilt, welche sie in rot, gelb, schwarz und weiß einteilten" ([**115**], Seite 94, eigene Übersetzung aus dem Englischen, in spitzen Klammern Einfügung hinzugefügt).

Demnach hätten sie gelbe und rote Menschen gekannt, obwohl sie angeblich nie deren Länder besucht hatten.

Der Flutkatastrophe von Liä Dsi entspricht nun in »Srimad Bhagavatam« 8.7.1 – 9 die große Flut, die in den vedischen Schriften sehr umfassend, aber nicht zusammenhängend dargestellt wird:

- Zunächst warnte Vishnu nach »Mahabharata« 3.187.28 ff. in seiner Fischgestalt als Matsya den späteren Manu Vaivasvata vor der kommenden Flut ([**14**], Vol. 2, Seite 532 f.), wie im »Gilgamesh-Epos« XI, i Ea (Enki, der mit Oannes identisch ist) Ut-napishtim warnte ([**54**], Seite 110), und nach »äthiopischem Henoch« 89, 1 ein Engel Noah ([**68**] Band 2, Seite 290). Der spätere Manu war ein Sohn des Sonnengottes Surya und nach »Srimad Bhagavatam« 8.24.13 der „König der Draviden" ([**26**] Vol. 1, Seite 775), nach einer anderen Übersetzung „des Draviden-Landes" ([**30**] Part 3, Seite 1118). Das bedeutet seine Herkunft aus Kumari Kandam, nicht aus dem Süden Indiens. Er ist eindeutig mit dem „Pandia König" in der Überlieferung der Tamilen identisch, der „zum Ausgleich für sein Land, das in der Flut verloren ging", „in Imayam (dem Himalaya) und Gangai (dem *<Gebiet des>* Flusses Ganges) Königreiche gewonnen" habe (S.C. Jayakaran: »Lost Land and the Myth of Kumari Kandam« in: [**116**], Seite 96, in spitzen Klammern Einfügung hinzugefügt).

- Dann zog Vishnu das Schiff des Manu Vaivasvata während der Flut in seiner Matsya-Gestalt in den Himalaya, wie das »Mahabharata« 3.187.48 angibt ([**14**] Vol. 2, Seite 534). Jedoch könnte sich dahinter eine astronomische Begebenheit verstecken: Der Fisch könnte für das Sternbild Kethos („Walfisch" oder „Seeungeheuer") stehen und das Schiff für das ehemalige Sternbild „Argo", das bei den nordischen Völkern „Naglfar" hieß. Es wird heute nicht mehr als Sternbild anerkannt, was dem Verständnis der alten Überlieferungen nicht gerade förderlich ist. Auf diese Verbindung des Fisches mit dem Schiff könnte auch in der »Edda« in der letzten Zeile von »Der Seherin Gedicht« 42 Bezug genommen sein, wo es heißt:

  > „Los kommt Naglfar"
  > ([**64**], Seite 32).

  Es handelt sich dabei um eine Weissagung, deren Erfüllung noch aussteht. Aber der ganze Zusammenhang lässt auch in diesem Fall an ein astronomisches Ereignis denken (siehe dazu auch hier Seite 109 f.), zumal auch »Offenbarung« 6, 12 f. in der »Bibel« darauf hinzudeuten scheint:

  > „Und ich sah, als es das sechste Siegel öffnete: und es geschah ein großes Erdbeben; und die Sonne wurde schwarz wie ein härener Sack, und der ganze Mond wurde wie Blut, und die Sterne des Himmels fielen auf die Erde, wie ein Feigenbaum, geschüttelt von einem starken Winde, seine unreifen Feigen abwirft" ([**6**], Seite 905; siehe auch hier Seite 80).

- Nach seinem Auftreten in Fischgestalt als Matsya-Avatar nahm Vishnu die Gestalt eines Ebers an und suchte in dieser als Varaha-Avatar nach der versunkenen Erde, die er auf seinen Hauern aus den Fluten emporhob. Ich kann dieses Bild zwar nicht deuten, aber ich bin mir sicher, dass es auch eine astronomische Bedeutung hat, vergleiche dazu »äthiopischer Henoch« 83, 4 und 7:

  > „Als er" [*gemeint ist der Himmel, P.N.*] „aber zur Erde niederstürzte, sah ich, wie die Erde in einem großen Abgrund verschlungen wurde … Sie muss in den Abgrund hinunter sinken und einen großen Untergang erleiden" ([**68**] Band 2, Seite 288).

- Erst im Anschluss daran kam es zum berühmten „Quirlen des Milchozeans", bei dem Vishnu mit Pferdekopf erschien (siehe hier Seite 78 f.). Nach »Skanda Purana« I.i.9.10 fand dies nach dem Sturz von Bali (Kronos) durch Indra (Zeus) statt ([117], Seite 65), also nach 17.500 v.Chr. (vergleiche hier Seite 12). Es bedeutet ganz offensichtlich, dass sich die Bewegung des Sternenhimmels durch die Erdrotation für die Beobachter auf der Erde beschleunigt hatte, wie schon B.G. Sidharth deutete ([57], Seite 110). Auch die Fragmente nach Berossos deuten dies an (vergleiche hier Seite 33).

Der jetzige Manu Vaivasvata war nach »Vishnu Purana« 3.1.0 ein Sohn von Vaivasvan ([34] Vol. I, Seite 375). Nach »Brahma Purana« 29, 18 f. ist dies der vedische Name des Sonnengottes Surya im Monat Jyestha ([118] Part 1, Seite 158). Der eigentliche Name dieses Manus war aber nach »Srimad Bhagavatam« 8.24.11 „Satyavrata" ([26] Vol. 1, Seite 775), nach »Vayu Purana« 2.22.38 aber „Sraddhadeva" ([39], Seite 652). Er war der Gründer der vedischen Kultur nach der Flut. Sein Zwillingsbruder hieß nach »Harivamsa Purana« 1.9.8 „Yama" ([48] Vol. 1, Seite 47), im iranischen »Zend-Avesta« „Yima" genannt ([119], Seite 232). »Matsya Purana« 11, 4 ([120] Vol. 1, Seite 32) und »Vayu Purana« 2.22.22 ([39], Seite 651) bezeichnen Yama und seine Schwester Yami, mit dem Fluss „Yamuna" gleichgesetzt, als Zwillinge und Manu als ihren Halbbruder. Von dort übernahm es wohl H.H. Wilson in eine Anmerkung zu »Vishnu Purana« 3.2.3 ([34], Vol. 1, Seite 384). Auch Rajesh Kochhar vertritt diese Darstellung ihrer Abstammung ([121], Seite 39). Sie beruht auf »Rigveda« 10.10 mit dem Titel: »Yama Yami«, wo es auch von H.H. Wilson ([122] Vol. 6, Seite 25) und von Ralph T.H. Griffith in seiner Erklärung entsprechend gedeutet wird ([19] Vol. 2, Seite 422 ff.). Dort sind aber zwar Geschwister gemeint (10.10.11 f.), jedoch keine Zwillinge. Es könnten der ägyptische Totengott Osiris (eine Inkarnation von Vishnu) und seine Schwester und Gemahlin Isis (eine Inkarnation von Lakschmi) gemeint sein (10.10.7), die aber erst der auf Bali/Vali folgenden Generation angehören.

In »Harivamsa Purana« 1.9.6 – 7 ist „Yami" jedoch der Rufname des späteren Manu Vaivasvata, der eigentlich Satyavrata hieß (siehe oben) und der Zwillingsbruder von „Yama" war, dessen eigentlicher Name nach »Harivamsa Purana« 1.9.8 „Sraddhadeva" war ([48] Vol. 1, Seite 47). In der »Vayu Purana« 2.22.38 wird Sraddhadeva dagegen als der eigentliche Name von Manu bezeichnet

([**39**], Seite 652). „Yama und Yami" waren aber wohl tatsächlich die Rufnamen der Zwillingsbrüder, von denen Manu nach »Vayu Purana« 2.22.38 der ältere war ([**39**], Seite 652). Nach »Harivamsa Purana« 2.3.4 war ihre Schwester noch älter und hieß „Daya" ([**48**] Vol. 2, Seite 281), nach »Vayu Purana« 2.22.85 ist sie dagegen jünger ([**39**], Seite 653) und nach 2.22.37 hieß sie „Kalindi" ([**39**], Seite 652).

Aus diesem und ähnlichen anderen Gründen wird die »Matsya Purana« (und vielleicht auch die »Vayu Purana«) wahrscheinlich zu Unrecht zu der überlieferten Anzahl von 18 »Maha-Puranas« gezählt, von denen es ja 19 gibt. Wenn die »Vayu Purana« nicht dazu gehört, wie ich es annehme, und stattdessen die »Harivamsa Purana« hinzu gezählt werden würde (die vielleicht sogar die erste Purana ist, vergleiche [**14**] Vol. 1, Seite VI), würde die Anzahl jedenfalls mit der überlieferten überein stimmen.

Die Folgen des Impaktes

Wenn das Bild vom „Quirlen des Milchozeans" eine schnellere Erdrotation bedeutet, die sich für einen Beobachter auf der Erde als Beschleunigung der Bewegung des Sternenhimmels darstellt, dann kann sich dies jedoch auf zwei verschiedene Erscheinungen beziehen:

1. die tägliche Erddrehung und
2. die Bewegung der Erdachse durch den Tierkreis im Rahmen der Präzession.

Das letztere wird in den Fragmenten nach Berossos dadurch gezeigt, dass er die Länge der Präzessionsperiode zur Zeit der zehn Urkönige vor der Flut mit 43.200 Jahren angibt (vergleiche hier Seite 33), während die heutige Präzessionsbewegung rechnerisch nur 25.920 Jahre dauert, astronomisch 25.800 Jahre ([65], Seite 170). Die Bewegung des Frühlingspunktes durch den Tierkreis hat sich also immens beschleunigt. Dafür spricht auch eine merkwürdige Feier der Ägypter, von der Theodor Hopfner (1886 – 1946) berichtet:

> „Am 23. Phaophi (20.Oktober) nach der Herbst-Tag- und Nachtgleiche begehen sie" [*das heißt: die Ägypter, P.N.*] „ferner das Geburtsfest des Stabes der Sonne (des Helios), indem sie dadurch andeuten, dass die Sonne gleichsam einer Stütze und Kräftigung bedarf, da sie sich, durch den Mangel an Wärme und Licht **gebeugt und schief,** von uns weg **bewegt**" ([123] Band II, Seite 31, Text von mir redigiert, Hervorhebung hinzugefügt).

Mit anderen Worten: Die Grundlage dieses Festes ist eine Veränderung der Ekliptik (vergleiche hier Seite 32). Damit könnte auch die von Jane B. Sellers ohne Quellenangabe angeführte, griechische Legende zusammenhängen, Orion (das Sternbild von Osiris) sei gelähmt und erblindet zu Hephaistos (ägyptisch Ptah, das Sternbild Widder; hier ist aber wohl Thooth gemeint) gekommen,

> „… vielleicht um die Mühle des Himmels zu reparieren, die ‚aus ihrem Sockel gesprungen war' und aus dem Gleichgewicht ist" ([65], Seite 106 f., eigene Übersetzung aus dem Englischen).

Das bezieht sich eindeutig auf eine Änderung der Ekliptik und der Präzession, das heißt: der Taumelbewegung der Erde, und die „Reparatur" im Zusammenhang mit Orion/Osiris könnte durchaus eine Kalenderreform zu seiner Zeit bedeuten. Die

Angabe eines von den Tag- und Nachtgleichen und Sonnenwenden getrennten Datums bei Theodor Hopfner legt dabei die Vermutung nahe, dass dies der tatsächliche Termin der Veränderung ist. Diese selbst findet sich in der Schrift »Über Isis und Osiris« 12 von Plutarch (ca. 46 – 120 n.Chr.) dargestellt, wo es nach der Übersetzung Theodor Hopfners (1886 – 1946) heißt:

> „Als er" [*gemeint ist Hermes, der hier für Thooth steht, P.N.*] „hierauf mit der Mondgöttin (Selene) Brett spielte und ihr den siebenzigsten Teil jedes Tages abgewonnen hatte, fasste er alle diese Tage zu fünf Tagen zusammen und schaltete sie hinter die 360 Tage (des Jahres), die die Ägypter deshalb noch jetzt ‚die Darangefügten' ... nennen und als Geburtstage der Götter feiern" ([**123**] Band I, Seite 3).

Fassen wir zunächst die Informationen dieser Stelle zusammen: Es gab danach ursprünglich ein 360-Tage-Jahr, bei dem Sonnen- und Mondjahr übereinstimmten (Thooth gewinnt dem Mond (!) 1/70 der Tageslänge ab). Karl Friedrich Geldner (1852 – 1929) übersetzt daher in »Rigveda« 10.85.5: „der Mond ist die Grundform der Jahre" ([**124**] Teil III, Seite 268), siehe dazu auch »Surya-Siddhanta« 1, 12 f. ([**62**], Seite 9). Und Immanuel Velikovsky (1895 – 1975) zitiert aus dem Erlass von Canopus, der im Jahr 238 v.Chr. von einem Jahr von 360 Tagen spricht,

> „… sowie … den fünf Tagen, die hinzuzufügen später angeordnet worden war"
> (zitiert nach [**125**], Seite 354 f.).

Wozu er selbst dann anmerkt:

> „Die Verfasser dieses Erlasses gaben zwar das genaue Datum nicht an, an dem diese fünf Tage hinzugefügt wurden, aber sie sagten klar und deutlich, dass eine derartige Reform irgendwann eingeführt wurde, nachdem das Jahr vorher 360 Tage gehabt hatte" ([**125**], Seite 355, Text von mir redigiert).

Immanuel Velikovsky führt bezüglich der „Epagomena" [das heißt: „die Hinzugefügten"] genannten fünf zusätzlichen Tage des Jahres an:

> „Dass die Epagomena nicht auf Grund genauerer astronomischer Einsichten eingeführt wurden, sondern auf Grund einer tatsächlichen Veränderung der Himmelsbewegungen, ergibt sich aus dem Canopus-Erlass, der ‚auf die Berichtigung der Fehler des Himmels' Bezug nimmt" ([**125**], Seite 355).

Die Erddrehung hatte sich also um 1/70 beschleunigt, wodurch Sonnen- und Mondjahr nicht mehr übereinstimmen. »Skanda Purana« VII.i.21 ([**44**], Seite 124 ff.) zeigt allerdings, dass mit dieser Änderung für den Beobachter auf der Erde auch astronomische Änderungen der Mondbewegung verbunden waren. Danach stand der Mond ursprünglich nur im „Haus" Rohini (mit Aldebaran im Sternbild Stier identifiziert), erst danach wanderte er durch die jetzigen 27 Häuser. Die Änderung der Erddrehung würde bedeuten, dass sich die Tageslänge um rund 0,35 Stunden verkürzt hätte, also nicht ganz 21 Minuten. Auf 360 Tage gerechnet wären das etwas über 125 Stunden oder 5 Tage und etwas weniger als ein Vierteltag. Addiert man diesen Betrag zu den 360 Tagen der vorherigen Jahreslänge, so erhält man rund 365,22 neuer 24-Stunden-Tage. Das entspricht fast genau der tatsächlichen Jahreslänge, während aber die Anzahl der Stunden im Jahr gleich bleibt (8765,217391 Stunden). Dadurch verlängerte sich das Sonnenjahr um mehr als fünf Tage, denn die Erde drehte sich jetzt auf ihrer Bahn um die Sonne mehr als fünfmal öfter als vorher. Diese Ursache der veränderten Jahreslänge ist aber eine neue Vorstellung, denn man nimmt doch naturgemäß an (wie auch ich es ursprünglich tat), dass sich die Erdbahn verlängert hat, als es dazu kam. Immanuel Velikovsky hat daher unrecht, wenn er schreibt:

„Die Erde wurde auf eine weiter von der Sonne entfernte Bahn gedrängt"
([**125**], Seite 135)

An den fünf zusätzlichen Tagen fand nach Plutarch die Geburt der Götter Isis und Nephtis, Osiris, Harueris (der ältere Horus, der von den Griechen falsch mit Apollon gleichgesetzt wird, und von Osiris und Isis schon vor ihrer Geburt im Mutterleib gezeugt wurde) und Seth, statt ([**123**] Band I, Seite 3). Theodor Hopfner deutet dies auf eine Kalenderreform, die er allerdings auf das Jahr 4241 v.Chr. datiert ([**123**] Band I, Seite 26). Dieses Datum kann jedoch nicht stimmen, denn der Text von Plutarch sagt eindeutig, dass an den fünf Tagen die Geburt der oben genannten Götter stattfand. Leider gibt es keine überlieferten antiken Daten, wann die Geburt von Osiris stattfand, denn die Schriften von Manetho (ca. 3. Jahrhundert v.Chr.), die uns darüber Aufschluss geben würden, sind uns nur noch fragmentarisch erhalten (vergleiche hier Seite 14). Man kann es aber dennoch ungefähr errechnen:

Nach der Angabe in Diodors »Geschichtsbibliothek« I, 26 (vergleiche hier Seite 16) sind es ungefähr 23.500 Jahre von der Herrschaft von Helios [gemeint ist: Amun-Rê, der zweite Gott-König der Ägypter, vergleiche hier Seite 16 f.] bis Christi Geburt ([15] 1. Buch, Seite 43). Nach Herodots »Historien« II, 43 fand der Sturz dieser Götterdynastie ungefähr 17.500 v.Chr. statt ([2] Band I, Seite 145; vergleiche das Zitat hier Seite 12). In diesem Zeitraum von ungefähr 6000 Jahren haben nun 7 Götter geherrscht: Amun-Rê, Schu, Geb, Osiris, Isis, Seth, Horus. Dabei kann aber Isis (wie Osiris) nicht lange geherrscht haben und daher muss nur mit 5 Göttern gerechnet werden, was durchschnittlich 1200 Jahre pro Gott bedeutet. Osiris wäre aber der vierte in dieser Reihe der Herrschenden Götter, also drei vor ihm, was 3 * 1200 = 3600 Jahre wären und diese von den obigen 23.500 Jahren abgezogen führt uns rund zum Jahr 20.000 v.Chr. für den Herrschaftsantritt von Osiris. Nach Theodor Hopfner war Osiris aber entweder 28 Jahre alt oder er hatte 28 Jahre regiert, als er ermordet wurde ([123] Band I, Seite 41). Wir werden also mit der Datierung der Geburt von Osiris ungefähr 20.000 v.Chr. nicht sehr danebenliegen, und damit ist auch das Datum der Kalenderreform gefunden.

Es gibt nun eine Angabe im »Rigveda« 10.2.3, die auf derselben Voraussetzung beruht, ebenfalls die Notwendigkeit einer Kalenderreform andeutet und zu nahezu demselben Zeitpunkt führt:

„Wir sind zum Pfad der Götter gekommen. Mögen wir die Kraft haben, ihn zu durchziehen. Lasst Agni das Opfer durchführen, denn er ist der Kundige. Der wird das Opfer und die Jahreszeiten anordnen, der den Pfad der Väter kennt“ (zitiert nach: [31], Seite 178, eigene Übersetzung aus dem Englischen, Text von mir redigiert).

Ich muss zunächst darauf hinweisen, dass die Satztrennung im letzten Satz von mir unter Beiziehung von »Rigveda« 1.95.3 geändert wurde ([31], Seite 179), weil der Satz meiner Ansicht nach nur so Sinn macht. Er lautet eigentlich:

„Er“ [*gemeint wäre damit: Agni, P.N.*] „wird das Opfer und die Jahreszeiten anordnen. Wer kennt den Pfad der Väter?“ [*Im Text steht an dieser Stelle ein Komma, das überhaupt keinen Sinn macht, P.N.*] „Möge Agni, entzündet, hell für uns scheinen“ (zitiert nach: [31], Seite 178, eigene Übersetzung aus dem Englischen).

Der Satz ist auch in der englischen Übersetzung von Ralph T.H. Griffith (1826 – 1906) von 1889 ([**19**], Vol. 2, Seite 414) und in der deutschen von K.F. Geldner (1852 – 1929) von 1923 ([**124**] Teil 3, Seite 123), der sich möglicherweise an Ralph T.H. Griffith orientiert hat, in der obigen (falschen) Weise getrennt. An der Übersetzung von Ralph T.H. Griffith scheint sich daher auch David Frawley orientiert zu haben, vergleiche dagegen die abweichende Satztrennung bei H.H. Wilson (1786 – 1860) ([**122**] Vol. 6, Seite 4) und die von Swamy Satya Prakash Saraswati und Satyakam Vidyalankar ([**126**] Vol. 11, Seite 4061).

Um aber zu verstehen, was die Aussage des obigen Zitates in unserem Zusammenhang bedeutet, müssen wir zunächst die beiden Begriffe „Pfad der Götter" und „Pfad der Väter" (eigentlich der Pitrs, das heißt: der Totengeister) klären, die auch Bal Gangadhar Tilak (1856 – 1920) erwähnt ([**127**], Seite 108). Dazu heißt es nun in »Rigveda« 10.88.15 (ebenso »Yajurveda Samhita« 19, 47 (1073), [**8**], Seite 287) in der sinnvollsten Übersetzung von David Frawley (vergleiche auch die Übersetzung in »Brihadâranyaka-Upanishad« 6.2.2 von Friedrich Max Müller (1823 – 1900) in: [**32**] Part 2, Seite 205):

> „Ich habe von zwei Pfaden der Sterblichen gehört, dem der Götter und dem der Väter. Auf ihnen reist diese sich bewegende Welt, was zwischen Vater und Mutter existiert" ([**31**], Seite 178, eigene Übersetzung aus dem Englischen).

In »Rigveda« 10.88.16 werden sie „diese zwei vereinigten Pfade" genannt ([**19**] Vol. 2, Seite 555). Und nach der fälschlich (siehe dazu hier Seite 110) an Aditya (ein Name des Sonnengottes Surya), gerichteten »Pañcavimśa-Brāhmana« 1.4.1 unterstehen sie einem Herrn ([**63**], Seite 6). Nach »Vishnu Purana« 2.8.80 und 84 ([**34**] Vol. I, Seite 327 f.) und »Srimad Bhagavatam« 5.21.6 ([**26**] Vol. 1, Seite 509) handelt es sich bei den beiden Pfaden um die obere und untere Hälfte des Tierkreises. An der letztgenannten Stelle heißt die nördliche Hälfte „Uttarayana", die südliche aber „Dakshinayana" (vergleiche dazu auch »Khândogya Upanishad« 5.10.1 – 4, [**32**] Part 1, Seite 80). David Frawley zufolge nennt das »Rigveda« dagegen, wie die »Vishnu Purana« 2.8.80 – 87 ([**34**] Vol. 1, Seite 325 f.) und die »Praśna Upanishad« 1, 9 ([**32**] Part II, Seite 272 f.), den nördlichen Teil „Devayana oder der Pfad der Götter" und den südlichen Teil „Pitriyana, der Pfad der Väter" ([**31**], Seite 177). Diese Aufteilung selbst kennen auch die Babylonier, bei ihnen heißt der obere Teil „der Weg Enlils" (das ist Kronos = das Sternbild Löwe, vedisch: Dharma) und der untere „der Weg Eas" (das ist Okeanos = das Sternbild Wassermann, vedisch: Varuna) ([**128**], Seite 33).

Nun gibt es zwar zwei Arten, wie sich die Erdachse durch den Tierkreis bewegt,

1. bei ihrem jährlichen Umlauf im Uhrzeigersinn und
2. während der Präzession (vergleiche hier Seite 32) entgegen dem Uhrzeigersinn.

In dem obigen Zitat aus »Rigveda« 10.88.15 muss jedoch das letztere gemeint sein,

a) weil es keinen Sinn machen würde, um Kraft für das nächste halbe Jahr zu bitten (weshalb sollte man daran zweifeln?) und
b) weil „der Pfad der Götter" die obere Hälfte des Tierkreises bedeutet, sein Beginn also im Sternbild Steinbock, der Wintersonnenwende, stattfindet.

Der lange Zeitraum von 12.000 Jahren bis zu der Reform ist wahrscheinlich dadurch zu erklären, dass der geänderte Himmel länger beobachtet und analysiert werden musste. Eine andere Erklärung wären aber die anderen Zeitbegriffe der Götter: In den vedischen Texten wird, wie in der »Bibel« in Bezug auf die „Jahrwochen" ([**129**]), ein irdisches Jahr als ein Tag der Götter bezeichnet, deren Jahr war also 360 irdische Jahre lang. Dividiert man den Zeitraum von 12.000 Jahren durch 360 so ergibt sich daraus eine Dauer dieses Zeitraumes von nur 33 1/3 Jahren der Götter. Dann wird aber gesagt, dass „das Opfer und die Jahreszeiten" neu geordnet werden müssten. Das Erreichen des „Pfades der Götter" bezeichnet den Eintritt des „Frühlingspunktes" in das Zeichen „Steinbock" im Rahmen der Präzession (ca. 21.520 v.Chr.). Ebenso ist damit aber bei den Ägyptern der Beginn der Herrschaft von Geb [bei den Griechen: Kronos], des Vaters von Osiris und eines der acht ersten herrschenden Götter, bezeichnet. Astronomisch war damit die Eiszeit vorbei.

So würde sich jedenfalls auch die Bitte erklären: „mögen wir die Kraft haben, ihn" [*den Pfad der Götter, P.N.*] „zu durchziehen". Offensichtlich hatte man befürchtet, dass die Erde ihre Bahn verlassen hatte und als vagabundierender Planet in den Weltraum verschwinden würde, was den Tod aller ihrer Bewohner bedeutet hätte. Vergleiche dazu auch »Pañcaviṃśa Brāhmana« 4.7.4:

„'Mögen wir, lebend, das Licht erreichen'" (*zitiert aus »Rigveda« 7.32.26; »Samaveda« 3.2.2.7*). „Wahrlich, diejenigen, die glücklich das Jahr durchlaufen, erreichen, lebend, das Licht" ([**63**], Seite 60, eigene Übersetzung aus dem Englischen).

Daher heißt es in der »Aitareya Brahmana« 4.3.18 (vergleiche auch »Pañcaviṁśa Brāhmana« 4.5.9, [**63**], Seite 54), „die Götter befürchteten, die Sonne würde vom Himmel fallen" ([**56**], Seite 289). Und in »Aitareya Brahmana« 4.3.20 wird von dem dort „Tarkshya" genannten Pferd (gemeint ist Vishnu mit Pferdekopf, siehe hier Seite 77) gesagt, dass es „die Speichen des Rades des *<Sonnen->* Wagens" „unzerbrochen erhält" ([**56**], Seite 295, eigene Übersetzung aus dem Englischen). Mit den „Speichen des Wagens" sind die Monatsabschnitte der Erdbahn um die Sonne gemeint. Sie wurden zu dieser Zeit nicht wie heute durch die Mondphasen, sondern durch die Tierkreisbilder bestimmt, durch die sich die Erde auf ihrer jährlichen Bahn um die Sonne bewegte, siehe dazu »Surya Siddhanta« 1, 13 ([**62**], Seite 9) und den Kalender auf dem >Sonnentor< von Tiahuanaco.

J.F. Blumrich (1913 – 2002) zufolge bestätigen auch die nordamerikanischen Hopi-Indianer indirekt diese Deutung:

„In Tókpa, der zweiten Welt, kippte die Erde zur Hälfte, und alles ist erfroren" ([**130**], Seite 30).

Diesem Ereignis ging jedoch nach dem »Buch der Hopis« eine Überflutung voraus:

„Als sie" [*das heißt: die Hopis, P.N.*] „sicher unter der Erde waren, befahl Sotuknang" [*der Hopi-Name für Vishnu, P.N.*] „den beiden Zwillingen, Pöqánghoya und Palöngawhoya, ihre Posten an dem Nord und Südende der Weltachse" [*also den Polen, P.N.*] „zu verlassen, wo sie aufgestellt worden waren, um die Erde im richtigen Umlauf zu halten. Die Zwillinge hatten kaum ihre Posten verlassen, als die Welt, die niemand mehr überwachte, aus dem Gleichgewicht kam, wie trunken umher taumelte und sich zweimal überschlug. Berge stürzten mit großem Klatschen in die Meere, Meere und Seen überfluteten das Land, und als die Welt durch den kalten, leblosen Raum wirbelte, gefror sie zu festem Eis. Das war das Ende von Tokpa, der zweiten Welt" ([**109**], Seite 32).

Darum heißt es in der 11. Tafel des Gilgamesh-Epos schon im Vorfeld der Flut:

„Die Götter selbst fürchteten die Sintflut,
sie wichen zurück" (*Dr. Albert Schott übersetzte 1934: „sie flohen",* [131],
Seite 69) „und stiegen hinauf in den Himmel des Anu" ([67], Seite 95).

Darauf bezieht sich wohl auch »Yajurveda Samhita« 12, 45 (558) a:

„Also geht, reist ab, kriecht in alle Richtungen davon, sowohl alte Besucher als
auch kürzlich Angekommene" ([8], Seite 164, eigene Übersetzung aus dem
Englischen, siehe die Fortsetzung der Stelle, zitiert hier Seite 88).

Allein daraus lassen sich aber interessante Schlussfolgerungen ziehen, z.B.:

- dass die Götter demnach nicht allmächtig waren,
- dass sie verletzbar und/oder sterblich und demnach körperlich waren (wovor
  hätten sie sich sonst fürchten sollen?),
- dass diese Erzählungen demnach nicht erfunden worden sind, denn dann
  hätte man die Götter sicherlich so perfekt erfunden wie heutzutage die
  Amerikaner ihre >Superhelden<.

Für das letztere sprechen aber auch die Übereinstimmungen mit den
Überlieferungen anderer Völker.

Das Umkippen der Erde

In der indischen »Vishnu Purana« 1.9.83 wird in Bezug auf das Quirlen des Milchozeans (vergleiche hier Seite 33 und Tabelle 4 hier Seite 31) gesagt, dass die Schlange Vasuki als Zugseil dafür benutzt und um den Berg Mandara als Drehpunkt gelegt wurde ([**34**] Vol. 1, Seite 107). Daher ist er mit dem Nordpol identisch, der in »Skanda Purana« IV.i.1.80 ([**132**], Seite 8) mit dem Berg Meru (oder Sumeru bzw. Mahameru) gleichgesetzt wird ([**133**], Seite 39). Mit Vasuki, der nach »Mahabharata« 5.103.1 in der Naga-Hauptstadt Bhogavati in Patala herrscht, die nach 5.109 im (ehemaligen) Süden liegt ([**14**] Vol. 3, Seite 292 und 303 ff.), ist also das Sternbild Draco gemeint, das tatsächlich um den Pol liegt (siehe auch hier Seite 109). Vishnu und die Götter zogen zunächst auf der Kopfseite von Vasuki, die Dämonen am Schwanz. Beim Quirlen versank aber der Berg Mandara (der Nordpol) auch nach »Skanda Purana« I.i.9.88 im Meer ([**117**], Seite 71). Dieses „Versinken" bedeutet, dass sich der Pol in das offene Meer verschob, wie auch »Srimad Bhagavatam« 8.6.33 f. von der Bewegung des Berges „hin zum Meer" „über eine große Distanz" spricht ([**26**] Vol. 1, Seite 718 f.).

Der Berg Mandara wird in »Mahabharata« 3.163.10 „Prinz der Berge" und „Ashta" genannt ([**14**] Vol. 2, Seite 461). In »Mahabharata« 2.10.31 wird er als ein Teil des Himalayas und nahe dem Berg Kailasa beschrieben ([**14**] Vol. 1, Seite 661). Das ist wohl auch in »Skanda Purana« VI.245.28 ff. vorausgesetzt, wo Shiva nach seiner Hochzeit in diesem Berg einen Palast gebaut bekommt ([**134**], Seite 1052; siehe auch hier Seite 94). Ebenso spricht Valmikis »Ramayana« 4, 40 von „Häusern im Mandara" ([**111**] Vol. 2, Seite 809). Diese Region gehört nach »Mahabharata« 5.111.20 Kubera, der nach 5.111.10 f. im Kailasa herrscht ([**14**] Vol. 3, Seite 307 f.). Nach 3.163.12 ([**14**] Vol. 2, Seite 461) lag dort auch ursprünglich der Nordpol und vielleicht auch zukünftig, wenn Edwin Bernbaums Traum ([**133**], Seite 42) eine Prophezeiung ist. Bal Gangadhar Tilak hat daher Unrecht, wenn er schreibt:

„… die Pole der Erde sind heute dieselben, wie sie vor millionen Jahren waren …"
([**135**], Seite 47, eigene Übersetzung aus dem Englischen).

Dann würden die >Arier< aber früher am Nordpol gelebt haben ([**135**], Seite 3), was auch die Beschreibungen arktischer Phänomene im »Sama-« und »Yayurveda« erklären würde ([**37**], Seite 69). Nach »Rigveda« 3.29.3 f. scheint der Lingam, das Symbol Shivas, aber den Nordpol zu symbolisieren ([**19**] Vol. 1, Seite 365), was auch in »Vajasaneya Samhita« (auch »Weißes Yajurveda« genannt) 1, 11c gemeint ist (wobei sich daraus auch eine astronomische Datierung ergibt):

„Auf dem Nabel der Erde platziere ich dich" [*das heißt: Agni, das Sternbild Widder, P.N.*], „auf Aditis Schoß …" ([**136**], Seite 4; [**8**], Seite 6, eigene Übersetzung aus dem Englischen).

In der Übersetzung von Dr. Tulsi Ram lautet der erste Teil der Stelle sogar:

„Auf dem Nabel der Erde und im Zentrum des Himmels …"
[*gemeint wäre der Himmelsnordpol oder der Pol der Ekliptik, P.N.*]
([**137**], Seite 6, eigene Übersetzung aus dem Englischen).

»Yajurveda Samhita« 4, 1 (129) und 4, 22 (150) zufolge war dies ursprünglich der einzige Ort auf der Erde, an dem Opfer dargebracht wurden ([**8**], Seite 39 und 45). Dies ist vielleicht auch in »Atharvaveda« 18.3.52 gemeint:

„Ich bleibe deine Erde; während ich diesen Teil <der> Erde über dir platziere, möge ich vor Schaden bewahrt bleiben. Die Pitrs [*Totengeister, P.N.*] verankern diese Säule" [*den Lingam, P.N.*] „hier für dich, und dort lass Yama eine Wohnstätte für dich bereiten" ([**138**] Vol. 2, Seite 196, eigene Übersetzung aus dem Englischen, in spitzen Klammern Einfügung hinzugefügt).

Zu der „Wohnstätte" vergleiche in »Skanda Purana« VI.245.28 ff. den Palast Shivas. M.S. Purnalingam Pillai (1866 – 1947) zufolge wird der Lingam auf die Tamilen zurückgeführt, jedoch fälschlich als Phallus-Symbol gedeutet (siehe aber hier Seite 130 f.), weil seine Bedeutung nicht mehr bekannt sei ([**50**], Seite 46). Weiter schreibt er, der Lingam stehe „unter einem sich ausbreitenden Baum" ([**50**], Seite 46). Die Erdachse wird aber wirklich in »Skanda Purana« I.iii(U).9.6 ([**139**], Seite 128) „heiliger Fig Baum" und in II.ii.42.3 ([**140**], Seite 239) „Kalpa Baum" genannt (vergleiche »Rigveda« 10.81.4, [**19**] Vol. 2, Seite 536). Das ist auch mit dem „heiligen Baum" in »Yajurveda Samhita« 4, 10d (138) und 4, 11a (139) gemeint ([**8**], Seite 41 f.). Sie wird aber auch von anderen Völkern als Baum dargestellt (siehe z.B. hier Seite 109).

Der Lingam scheint jedoch auch die austretenden Magnetfeldlinien zu symbolisieren, zumindest heißt es in »Kurma Purana« 1.26.73, er „leuchte wie das Feuer ... in Flammen mit Kränzen aus Feuer" ([**141**], Seite 226). In »Skanda Purana« I.iii(U).10.3 wird der „feurige Lingam" als „Feuersäule" im Meer beschrieben ([**139**], Seite 131). Nach »Skanda Purana« III.i.43.6 sind in diesem

Lingam „alle Götter, Weisen und ebenso Totengeister gegenwärtig" ([142], Seite 279), was für die Identität mit dem Nordpol spricht. Nach »Skanda Purana« III.i.44.87 ff. wurde der Lingam jedoch von Rama (also im 2. Zeitalter, Tretayuga) nach dem Sieg über Ravana {zunächst?}vom Berg Kailasa auf einen „Gandhamadana" genannten Berg gebracht und errichtet ([143], Seite 294 ff.). Von ihm wird in »Mahabharata« 5.64.18 ff. gesagt, dass er weit oben eine Höhle enthielt, in der, von Schlangen bewacht, unsterblich machender goldener Honig von Kubera {Amrita? Siehe das Zitat aus »Krishna (Schwarzes) Yajur Veda« 1.8.14 hier Seite 124} gelagert wurde ([14] Vol. 3, Seite 207). Daher besteht ein Zusammenhang mit der Gandhamadana-Höhle der Buddhisten ([144] §B). Dieser Berg könnte also mit dem Berg Mandara identisch sein.

Der Lingam ist vielleicht auch mit dem Dsched-Pfeiler der Ägypter identisch ([142], Seite 102), allerdings ist „Dsched" auch der Name der Papyrus Pflanze ([142], Seite 51). Der Pfeiler hat nach E.A.E. Reymond einen „Oberherrn" ([7], Seite 94), der „sich selbst als Schutz des Dsched Pfeilers enthüllte" ([7], Seite 95), um den „vielleicht" auch „die anderen undurchsichtigen Götter versammelt" sind ([7], Seite 94). Helene E. Hagan nennt ihn „Pfeiler der Unsterblichkeit und Ewigkeit" ([142], Seite 50). Nach M.S. Purnalingam Pillai wurde die Lingam-Verehrung jedenfalls eingeführt

> „... für das Verständnis der Massen, deren Vorstellungskraft von etwas ungewöhnlich Großem oder Riesigem beeindruckt wurde" ([50], Seite 46, eigene Übersetzung aus dem Englischen).

Das „Versinken" des Berges Mandara beim Quirlen des Milchozeans hängt jedoch auch mit einer merkwürdigen Beschreibung der »Satapatha Brahmana« 14.1.1.24 ([33], Seite 445), der »Skanda Purana« III.ii.14 und 15 ([41], Seite 94 ff.) und der »Devi Bhagwat Purana« ([145], Seite 23 und 74) zusammen. Danach wurde Vishnu enthauptet und erschien mit einem Pferdekopf. Das geschah nach »Satapatha Brahmana« 14.1.1.6 – 10 ([33], Seite 442 f.) und »Skanda Purana« III.ii.53 ff. ([41], Seite 98 f.), weil die Ameisen (siehe dazu hier Seite 89 f.) seine Bogensehne durch nagten. H.H. Wilson (1786 – 1860) ([122] Vol. 1, Seite 376) bezieht dies auf »Rigveda« 1.116.12 ([19] Vol. 1, Seite 165; siehe das Zitat hier Seite 124), vergleiche auch »Rigveda« 1.84.13 ff. und 1.117.22 ([19] Vol. 1, Seite

115 und Seite 170). Das scheint nach »Srimad Bhagavatam« 2.7.11 auch mit Vishnus „Inkarnation als Hayagriba“ gemeint zu sein ([26] Vol. 1, Seite 109). Jedenfalls würde die Aussage, die »Veden« seien in dieser Inkarnation „durch seine Nasenlöcher geschnaubt“ worden, zu ihrer Neuordnung im Dvaparayuga passen (vergleich hier Seite 34 und siehe hier Seite 121). »Mahabharata« 1.17.2 beschreibt Vishnu jedenfalls beim Quirlen des Milchozeans als „die Perle der Pferde“ ([14] Vol. 1, Seite 89).

Bei all dem handelt es sich um astronomische Beschreibungen: Die durchgenagte Bogensehne bedeutet die Unterbrechung des „Pfades der Götter“ (vergleiche hier Seite 70 f.). Der „Bogen“ symbolisiert dabei die obere Hälfte des Tierkreises (siehe hier Seite 110). Vishnu ist nach »Srimad Bhagavatam« 5.17. 1 – 6 das Sternbild Orion (das auch in »Pañcaviṃśa-Brāhmana« 1.6.5 mit dem „Wohnsitz Vishnus“ gemeint ist, [63], Seite 11):

> „Der Ganges, vom Fuß Vishnus ausgehend, senkt sich von dort durch den himmlischen Pfad und fiel, nachdem er das Gebiet des Mondes durchflutet hatte, auf das Gebiet von Brahma auf den Gipfel des *<Berges>* Sumeru“ ([26] Vol. 1, Seite 489, eigene Übersetzung aus dem Englischen, in spitzen Klammern Einfügung hinzugefügt).

Der dort wie in »Mahabharata« 5.111.8 ([14] Vol. 3, Seite 307) und »Sri Kalki Purana« 34 ([61], Seite 207) „Ganges“ genannte himmlische Fluss ist eindeutig das Sternbild Eridanus, das die Ägypter nach Theodor Hopfner (1886 – 1946) mit dem Nil gleichsetzten ([123] Band I, Seite 152). Es beginnt am linken Bein des Sternbildes Orion, das nach »Pyramidentext« 477, §956 – 959 von den Ägyptern mit Osiris identifiziert wurde ([146], Seite 164). Seine Entstehung wird in »Srimad Bhagavatam« 8.21.5 mythologisch beschrieben ([26] Vol. 1, Seite 767). Als der Ozean durch den Weisen Agastya (während der Eiszeit!) ausgetrocknet worden war ([14] Vol. 2, Seite 309), füllte der Eridanus ihn nach »Mahabharata« 3.109.19 – 21 wieder auf ([14] Vol. 2, Seite 320). Giuseppe Maria Sesti führt den Namen „Eridanus“ auf das sumerische „Aria-Dan“ zurück, das er als „starker Fluss“ übersetzt ([128], Seite 341), aber meiner Ansicht nach auch die Bedeutung „Fluss der Arya“ [das heißt: der vedischen Kultur] haben kann. In »Rigveda« 1.32.9 f. heißt das Sternbild „Danu“ ([19] Vol. 1, Seite 46 f.), das altpersische und altkeltische Wort für Fluss ([**147**], Seite 57), und seine Fließrichtung wird, als Symbol der Eider ([**148**], Seite 47), richtig angegeben. Das »Srimad Bhagavatam« 5.17.1 – 6 gibt sie dagegen wie die »Sri Kalki Purana« 34 ([**61**], Seite 208) verkehrt herum an, vermutlich weil sie die Bedeutung des Sternbildes nicht mehr kannten.

Im Sternbild Orion befindet sich aber tatsächlich eine Gestirnansammlung, die „Pferdekopfnebel" [wissenschaftlich: B 33] genannt wird. Dieser Nebel befindet sich links unterhalb der Gürtelsterne des Orion und ist mit bloßem Auge nicht sichtbar. Damit er als „Kopf" von Vishnu/Orion erscheinen kann, müssen also zwei Bedingungen erfüllt sein:

- Orion muss sehr tief stehen und
- die Erde muss auf dem Kopf stehen und das Sternbild für Beobachter auf der Erde auf dem Kopf erscheinen. Vom nunmehr im Süden liegenden vorherigen Norden aus ist dann nur der vorher unter dem Horizont liegende Teil Orions sichtbar, sein eigentlicher Kopf aber nicht, wie es »Skanda Purana« III.ii.15.1 auch tatsächlich sagt:

> „Die Götter einschließlich Brahma waren nicht in der Lage, den Kopf Vishnus zu sehen" ([**41**], Seite 99, eigene Übersetzung aus dem Englischen).

> Nach »Brhad-Devata« iii, 23 f. fiel der Kopf aber „in die Mitte eines Sees auf dem Berg Śaryanāvat" und „liegt in den selben Gewässern bis zum Ende des Yuga versunken" ([**149**] Part 2, Seite 84, eigene Übersetzung aus dem Englischen).

Die Beschreibung der »Satapatha Brahmana«, der »Puranas« und des »Mahabharata« setzt also eine gegenüber der jetzigen vertauschte Lage der geographischen Pole voraus. Nur dann kann der Pferdekopfnebel (in »Mahabharata« 1.17.1 „Uchaishrava" genannt, [**14**] Vol. I, Seite 80) als Kopf des Orion erscheinen.

Auf das Versinken des Berges Mandara im Meer tauschten dann die Götter und Dämonen die Seiten von Vasuki, und Vishnu nahm die Form des Schildkröten-Avatars Kurma an, um den Berg Mandara zu stützen ([**26**] Vol. 1, Seite 719 f.). Die Schildkröte steht offenbar für den eisbedeckten Südpol, denn in »Srimad

Bhagavatam« 8.7.9 wird gesagt, die Schildkröte hätte „die Ausdehnung einer großen Insel" gehabt ([**26**] Vol. 1, Seite 720). Dagegen ist der nunmehrige Nordpol zwar von Eis bedeckt, das aber eben auf dem Meer ruht, wie es das »Srimad Bhagavatam« ja für die verschobene Lage der Erdachse angibt. Da der Südpol aber unten liegt, „ruht" gewissermaßen die Erde „auf ihm". Diese Darstellung bedeutet also eine Vertauschung der geographischen Pole. In der Beschreibung vom Quirlen des Milchozeans behält aber die Schlange Vasuki (das Sternbild Draco) ihre Rolle als um den Pol gelegtes ›Zugseil‹ bei, daher kann die Erde nicht im Raum umgekippt sein! Vielmehr muss sich die Erdkruste (Petrosphäre) über dem Erdinneren (Asthenosphäre) verschoben haben. Für den Beobachter auf der Erde hätte es, je nach seinem Standort, den Anschein, als würde der Himmel [das heißt: die Sterne] auf die Erde stürzen oder entweichen, obwohl die Erdachse auf dieselbe Stelle im Raum ausgerichtet bliebe. Eine solche Bewegung scheint auch in »Offenbarung« 6, 14 in der »Bibel« prophezeit zu sein:

> „Und der Himmel entwich wie ein Buch, das aufgerollt wird, und ‹jeder› Berg und ‹jede› Insel wurden aus ihren Stellen gerückt" ([**6**], Seite 905; vergleiche auch hier Seite 64).

Schlimmstenfalls würde der Nordpol dadurch mit dem Südpol seine Position tauschen. Genau dies scheint aber »Krishna (Schwarzes) Yajur Veda« 7.2.1 [3] anzudeuten:

> „Sie" [*das heißt: die Opfernden*] „gehen mit dem Sarasvati. Dies ist der Pfad, der zu den Göttern führt" ([**17**], Seite 691, eigene Übersetzung aus dem Englischen).

Das Flussbett des heute ausgetrockneten Flusses Sarasvati verläuft, grob gesagt, von Ost nach West und eine ihm folgende Bewegung müsste demnach nach Westen gerichtet sein. In »Krishna (Schwarzes) Yajur Veda« 6.1.1 heißt es aber:

> „Die Götter und Menschen teilten die Wohnsitze ‹*der Erde*›, die Götter ‹erhielten› den östlichen …" ([**17**], Seite 549, eigene Übersetzung aus dem Englischen, in spitzen Klammern mit Kursivschrift Einfügung hinzugefügt, vergleiche auch 1.6.5, a.a.O. Seite 127).

Demnach war der Wohnsitz der Götter, nach »Yajurveda Samhita« 14, 13 (701) als die „Königin" bezeichnet ([**8**], Seite 199), zu dieser Zeit also im Osten, wohin daher auch der Sarasvati damals geflossen sein muss. Oder anders gesagt: die Erde muss gegenüber heute Kopf gestanden haben. Tatsächlich wird in der »Völuspa« 5 in der »Edda« angegeben, dass die Sonnenbahn über der Erde ursprünglich andersherum verlief:

„Von Süden die Sonne,
des Mondes Gesell,
schlang die Rechte
um den Rand des Himmels"
([**64**], Seite 27).

Der Komplex von Tiahuanaco und Puma Punku in Bolivien, der vielleicht aus dieser Zeit stammt, könnte auf jeden Fall dafür sprechen. Er is heute nach Westen ausgerichtet, wegen des dortigen Sonnenobservatoriums ist es aber viel wahrscheinlicher, dass er ursprünglich nach Osten ausgerichtet war (vergleiche die Zeichnung [**150**], Seite 14). Ein spanischer Chronist, Pedro Ciesa de Leon (1518 - 1554), schrieb über diesen Komplex:

„Ich fragte die Eingeborenen ob diese Bauwerke in der Zeit der Inkas erbaut wurden. Sie lachten über diese Frage und versicherten, dass sie lange vor der Inka-Herrschaft gemacht wurden und … dass sie von ihren Vorfahren gehört hätten, dass alles, was dort zu sehen sei, plötzlich im Verlauf einer einzigen Nacht erschien …" (zitiert nach: [**150**], Seite 9, eigene Übersetzung aus dem Englischen).

Und Antonio de Castro y del Castillo, damals Bischof von La Paz, schrieb dazu 1651 anlässlich eines Besuches dort:

"Obwohl man früher annahm, dass die Ruinen das Werk der Inkas seien, als Festung für ihre Kriege, hat man jetzt erkannt, dass sie im Gegenteil ein Werk von vor der Sintflut sind …" (zitiert nach: [**151**]).

Auch die Karte von Athanasius Kircher (1601/2 – 1680) am Ende des 1. Buches seines »Mundus Subterraneus« von 1664, könnte eine Polumkehrung bestätigen.

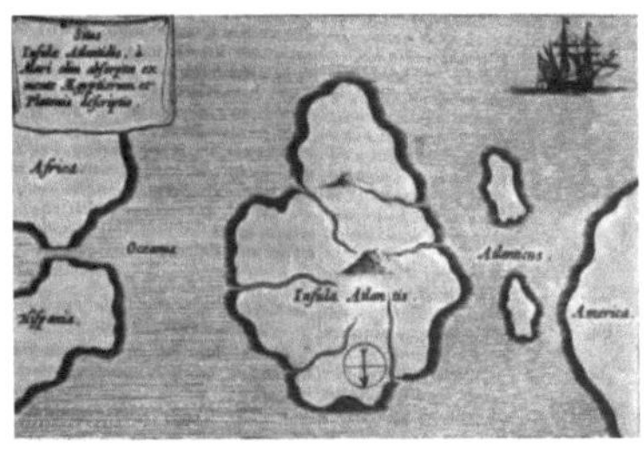

Abbildung 4: Karte von Athanasius Kircher (entnommen: [**152**], Seite 82).

Obwohl seit etwa 1300 alle Karten nordorientiert sind ([**153**]), zeigt diese Karte den Süden oben, was sich zeitlich durchaus auf die in der »Devi Bhagwat Purana« beschriebene Situation beziehen kann. Herodot (ca. 484 – 425 v.Chr.) gibt in »Historien« II, 142 auch wirklich an, dass von den Ägyptern eine mehrfache Vertauschung der Pole dokumentiert wurde:

„In dieser ganzen Zeitdauer“ [*das heißt: den bei ihm genannten 11.340 bzw. in anderen Übersetzungen 11.440 Jahren, P.N.*], „sagen sie, sei nun die Sonne viermal abweichend von ihrem gewohnten Ort aufgegangen. Wo sie jetzt untergeht, von da sei sie zweimal aufgegangen, und woher sie jetzt aufgeht, da sei sie zweimal untergegangen, und dadurch habe sich in Ägypten gar nichts geändert, nicht was sie von der Erde, noch was sie vom Fluss erhalten, nichts bei den Krankheiten, nichts bei den Arten des Todes“ ([**2**] Band I, Seite 199, Text von mir redigiert).

Diese Zeit rechnet nicht von Herodots Zeit an rückwärts, wie allgemein angenommen wird (z.B. [**154**], Seite 57 und 147), sondern bezieht sich auf die Zeit der Göttersprösslinge. Dafür spricht auch die Bezeichnung der bei ihm angeführten 341 Herrscher als „Piromis“. Dass Herodot in »Historien« II, 143 f. ausdrücklich ausschließt, dass sie von einem Gott oder Heros abstammen ([**2**] Band I, Seite 200), will dabei nichts besagen. Die von ihm genannten „Götter“ sind nämlich die olympischen Zwölf um Zeus, die in den Fragmenten nach Manetho (ca. 3. Jahrhundert v.Chr.) „Göttersprösslinge“ genannt werden, dafür spricht der Zusammenhang mit den Heroen. Die Ägypter bezeichnen aber nur die Götterdynastie um Kronos (von den Griechen „Titanen“ genannt) als „Götter“ (siehe hier Seite 121).

Nun haben einige antike Völker die Himmelsrichtungen mit Farben verknüpft, die sich aber trotz der weitgehend gleichen verwendeten Farben in ihrer Anordnung unterscheiden und auf eine grundsätzliche Änderung hinweisen (vergleiche Tabelle 6 hier Seite 60). Das von Liä Dsi (ca. 400 v.Chr.) dargestellte Ereignis (vergleiche hier Seite 58) scheint die Ursache sowohl dieser Änderung als auch einer Erscheinung zu sein, von der Charles Hapgood (1904 – 1982) schreibt:

> „Wie ich aufgezeigt habe, ist Campbell's entworfenes Muster von Brüchen <der Erdkruste> eine Art Bratrost<muster> mit Hauptbrüchen, die parallel zu den Meridianen verlaufen und kleineren Brüchen im rechten Winkel zu ihnen. Auf der jetzigen Erdoberfläche gibt es indessen zwei solche Muster. Eines von ihnen besteht aus Nord-Süd-Brüchen parallel den Meridianen, durchschnitten von Ost-West-Brüchen parallel dem Äquator. Der zweite >Bratrost< liegt diagonal zu dem ersten; die Linien verlaufen Nordost nach Südwest und Nordwest nach Südost" ([155], Seite 215, eigene Übersetzung aus dem Englischen, in spitzen Klammern Einfügungen hinzugefügt).

Dieses zweite Bratrost-Muster muss demnach älter als das erste sein, daher schreibt er später:

> „Einige Schreiber haben vorgeschlagen, dass die zwei Bruch-Systeme aus verschiedenen Zeiten stammen, und dies ist ein sehr wichtiger Punkt" ([155], Seite 216, eigene Übersetzung aus dem Englischen).

Diese Muster können aber nur durch Impakte entstanden sein, also durch Zusammenstöße mit kosmischen Körpern, wie auch Charles Hapgood an der ersten zitierten Stelle weiter anführt:

> „Hobbs bestand darauf, dass die Existenz dieser weltweiten Muster auf eine global wirkende Ursache hinweist; sie können nicht das Ergebnis lokaler Ursachen gewesen sein; die Kraft, die die Brüche verursachte, muss sozusagen gleichzeitig über einen großen Teil der gesamten Oberfläche der Erde gewirkt haben" ([155], Seite 215, eigene Übersetzung aus dem Englischen).

Das würde aber auf die Schockwellen von Impakten zutreffen, die sich der Erdkruste eingeprägt hätten (vergleiche hier Seite 38).

Agharti

»Mahabharata« 12.345.25 f. zufolge schüttelte der Varaha- (Eber-) Avatar von Vishnu, nachdem er die Erde nach 3.142.30 ff. aus der Flut emporgehoben hatte ([14] Vol. 2, Seite 398 ff.), drei Schlammbälle von seinen Stoßzähnen ([14] Vol. 8, Seite 597). Diese werden in dem Zusammenhang „Totengeister" („Pitrs") genannt, denen Michael Witzel zufolge tatsächlich später „drei Klöße (Pinda)" geopfert wurden ([78], Seite 465). Die Darstellung des »Mahabharata« ist allerdings nicht korrekt: Die Schlammbälle wurden nicht „im Süden der Erde" platziert, sondern dies war ihr vorheriger Aufenthaltsort, und aus ihnen sind nicht die Totengeister (Pitrs) entstanden, sondern sie waren die einzigen Überlebenden, während die Opfer der Flut zu den Pitrs wurden ([37], Seite 69). Es scheint jedoch zu bedeuten, dass bei dieser Flut drei Gruppen überlebten:

1. Die eine Gruppe bildeten der danach zum neuen Manu gewordene Sohn von Vaivasvat bzw. Surya (dem Sonnengott, vergleiche hier Seite 65) und Sanjna, der Tochter von Vishvakarman ([34] Vol. 1, Seite 384), Vaivasvata und seine Begleiter ([120] Vol. I, Seite, 5 und 12). Er landete der Überlieferung nach mit einem von Vishnu als Matsya-Avatar (der Fischerscheinung) gezogenen Schiff im Himalaya in Indien ([14] Vol. 2, Seite 534; [156], Seite 8). Das scheint sich jedoch auf ein astronomisches Ereignis zu beziehen (vergleiche hier Seite 64). Der Sohn von Manus Tochter Ila (nach »Vishnu Purana« 4.1.5, [34] Vol. 2, Seite 502 f., in Verbindung mit »Mahabharata« 15.4.2 f. erst in der 4. Generation nach Manu, [14] Vol. 9, Seite 663), Pururavas Aila, wurde aber schon von F.E. Pargiter (1852 – 1927) auf der Grundlage „mythologischer Tradition" in der „mittleren Himalaya Region" lokalisiert ([13], Seite 36).

2. Die zweite Gruppe bestand vielleicht (siehe aber hier Seite 89) aus Yama, dem Zwillingsbruder (vergleiche hier Seite 65) von Manu Vaivasvata, ([34] Vol. 1, Seite 384 und [48] Vol. 1, Seite 47) und seinen Begleitern.

3. Die dritte Gruppe Überlebender der großen Flut waren die Tamilen, die später auf Sri Lanka („Ilankai", [50], Seite 13) siedelten, das aber früher ein Teil des Festlandes von Indien war ([116], Seite 100 und Seite 104 Plate 2; [77], Seite 130). Es wurde M.S. Purnalingam Pillai (1866 – 1947) zufolge

bei der „zweiten Flut" ([**50**], Seite 10), nach M.D. Muthukumararaswami erst vor rund 6000 Jahren zur Insel ([**116**], Seite 101), während die Tamilen erst vor 3000 Jahren dorthin kamen ([**157**], Seite 7). Sri Lanka kann daher nicht das „Lanka" von Ravana, des Königs der Rakshasas („Wächter", [**66**], Seite 117, siehe hier Seite 93) im »Ramayana« sein, wie Ralph T.H. Griffith (1826 – 1906) fälschlich dachte ([**157**], Seite 3 Fußnote *), ebenso heutzutage R.K. Mukerji (zitiert in: [**66**], Seite 124). Nach Valmiki »Ramayana« 4, 58 ([**111**] Vol. 2, Seite 851) war Lanka vielmehr eine Insel vor der (damals, vergleiche hier Seite 61) südlichen Küste des Ozeans (nicht Indiens!). Es versank später im Meer, wie „einige sagen" ([**157**], Seite 7).

Es muss ein Zusammenhang von Manu Vaivasvata und Yama als Kindern des Sonnengottes Surya zu den „Nagas" (Schlangen) bestehen (siehe dazu hier Seite 94). G.P. Singh dachte sie sich als „eingeborene oder einheimische primitive nicht-arische Menschen" ([**13**], Seite 38), doch Dr. Naval Viyogi schreibt von ihnen:

> „Ursprünglich waren die Nagas keine Dämonen, sondern Menschen, die ihre Abstammung von der Sonne" [*dem Sonnengott Surya, P.N.*] „herleiteten" ([**158**], Seite 4, eigene Übersetzung aus dem Englischen; vergleiche dazu auch [**159**] Vol. 1, Seite 46).

Zu ihrem Herkunftsgebiet sagt er dann:

> „Die meisten Historiker lokalisieren sie zuerst in Takshila" [*Taxila im Punjab, P.N.*], „von wo sie sich nach anderen Teilen Indiens ausbreiteten" ([**158**], Seite 4, eigene Übersetzung aus dem Englischen).

Der Name „Takshila" bedeutet „Hügel des Takshak" (ein König), über den Dr. Naval Viyogi schreibt:

> „... Naga und Takshak sind in Sanskrit gleichbedeutende Bezeichnungen für die Schlange ..." ([**158**], Seite 5, eigene Übersetzung aus dem Englischen).

Takshak, der vorher nach »Mahabharata« 5.109.20 in Bhogavati lebte ([**14**] Vol. 3, Seite 305), siedelte erst in Taksasila [Taxila], nachdem von Krishna und Arjuna der Khandava-Wald (vielleicht nach [**13**], Seite 42 die Peshavar - Ravalpindi Region) verbrannt worden war ([**159**] Vol. 1, Seite 34). Dr. Naval Viyogi schreibt zwar:

„Takshila liegt dem Kashmir-Tal sehr nahe, das der Wohnsitz der Karkota Nagas war. Königliche Lahora (die ihren Ursprung auf Satavahanas zurückführen), Karkota, Gonanda und Nagpal (Bhadravaha) Naga-Familien herrschten während historischer Zeiten über Kashmir" ([**158**], Seite 6, eigene Übersetzung aus dem Englischen).

Die »Nilamata Purana« gibt jedoch direkt an, dass die Nagas ursprünglich aus Kashmir kamen ([**159**] Vol. 1, Seite 46) und sich demnach von dort aus westwärts verbreiteten (siehe dazu hier Seite 94). Takshila [Taxila] kann also nicht ihr Herkunftsort gewesen sein, und es ist ein Irrtum, wenn Dr. Naval Viyogi schreibt:

„In den Mythen der Nagas ist das Land ihres Ursprungs im allgemeinen die Nordwestgrenze von Indien" ([**158**], Seite 5, eigene Übersetzung aus dem Englischen).

Zwar meint auch er, dass Takshila „mit Sicherheit" nicht ihr Ursprungsort ist, aber er nimmt wie M.S. Pumalingam Pillai ([**157**], Seite 44) an, dass dieser Ursprung im „Nordwesten" lag ([**158**], Seite 6). Ihr tatsächlicher Ursprung scheint aber nach V. Kanakasabhai eher Kumari Kandam gewesen zu sein:

„Östlich von Ceylon werden die Inseln von einer Rasse Nagas bewohnt, Nakkasaranar oder ‚nackte Nomaden' genannt, die Kannibalen sind" ([**96**], Seite 6, eigene Übersetzung aus dem Englischen).

Dabei könnte es sich um Überlebende der Flut handeln, die aus Nahrungsmangel zu Kannibalen wurden. Die Abstammung der Nagas und die Herkunft aus Kashmir würde sie aber mit dem iranischen Teil der vedischen Kultur verbinden. Dr. Naval Viyogi gibt auch „mit großer Überraschung" an, dass die „Geschichte des Iran" „Beweise für einen Schlangenkult und zum Überfluss auch die Existenz einer Schlangenrasse" überliefert ([**158**], Seite 6).

Die „Nagas" sind jedoch wahrscheinlich auch keine „Schlangenanbeter", wie dies Dr. Ved Kumari annimmt ([**159**] Vol.1, Seite 57). Alexandra David Neel (1868 – 1969) rechnet sie zur Spezies der Halbgötter ([**110**], Seite 57, Fußnote 1). Danach wären sie mit den „Giganten" aus Hesiods »Theogonie« 185 f. identisch, die aus den herabfallenden Blutstropfen des >entmannten< (siehe dazu hier Seite 114) Uranos entstanden. Gemeint ist damit, dass sie Mischlinge der Göttergeneration nach Uranos und Menschen waren. Die >Entmannung< von Uranus hängt ja mit der Verstoßung von Pan wegen seines Fehltritts zusammen (siehe hier Seite 112 f.). Die Griechen stellten die Giganten mit Schlangenbeinen dar, ebenso schreibt V. Kanakasabhai (1855 – 1906) über die Naga-Darstellungen Südindiens:

> „Die Künstler, die diese Skulpturen ... ausführten, scheinen angenommen zu haben, dass die Nagas teilweise die Natur von Schlangen hatten und dass ihre Körper zum Teil menschlich und zum Teil schlangenhaft waren" ([**96**], Seite 17, eigene Übersetzung aus dem Englischen).

Dies scheint auf die Überlieferung von Tiamat zurückzugehen, die ja nach dem »Enuma Elish« „Riesenschlangen geboren" hat ([**67**], Seite 581). Der älteste Teil unseres Gehirns (bestehend aus Hirnstamm, limbischem System und Großhirn), der Hirnstamm, ist ja ein Reptiliengehirn, was unsere Herkunft von Reptilien nahe legt. Es besteht jedoch auch ein Zusammenhang mit den „Zwergen" der »Edda«. Nach »Völuspa« (»Der Seherin Gedicht«) 9 der »Edda« entstanden die Zwerge aus „Brimirs Blut", bevor es die Menschen gab (vergleiche hier Seite 59), und in Vers 10 heißt es:

> „Aber nun, nach dem Ausspruch der Götter, erhielten sie Menschenwitz und Menschengestalt und wohnten in der Erde und im Gestein ..." (zitiert nach [**168**], Seite 39).

Brimir ist ein anderer Name für Ymir, der bei den Griechen „Uranos" genannt wird. Dass er aber zu den „Reifriesen" („Hrimthursen") gehört, bezieht sich auf die weiträumige Vereisung der Erde. Bei den Hindhus ist „Ymir" zwar mit dem Sonnengott „Surya" identisch, jedoch wird auch bei den Ägyptern „Amun" (ihr Name für „Ymir" und identisch mit Uranos) später mit dem Sonnengott „Rê" zu „Amun-Rê" kombiniert ([**142**], Seite 67; siehe auch hier Seite 111). Ob Ymir auch mit Yama identisch ist, der im »Zend-Avesta« „Yima" genannt wird ([**119**], Seite 232), ist zweifelhaft, jedoch spricht die Bedeutung seines Namens als „Zwilling" dafür. In »Harivamsa Purana« 1.9.8 wird Yama als Zwilling bezeichnet ([**48**] Vol. 1, Seite 47). Sodann aber auch Ymirs Tötung durch die Götter im »Gylfaginning« (»Gylfis Betörung«) in der »Edda« ([**64**], Seite 128 f.). Nach »Atharvaveda« 18.3.13 war Yama „der erste der Sterblichen, der starb" ([**138**] Vol. 2, Seite 193).

Nach »Mahabharata« 5.16.33 wurde Yama nach dem Sieg Indras (dem älteren Horus) über Vrtra (ägyptisch: Seth) „Herrscher der Pitrs [das heißt: der Totengeister]" ([14] Vol. 3, Seite 40). So heißt er auch in der Überlieferung der Puranas ([26] Vol. I, Seite 523, [48] Vol. 1, Seite 85 und [160] Vol. II, Seite 893), in der »Vayu Purana« 2.22.81 „König Dharmas" [das heißt: der Rechtschaffenheit] ([39], Seite 655). Nach »Mahabharata« 5.42.6 ([14] Vol. 3, Seite 135) herrscht er über die Region der Pitrs [Totengeister] (vergleiche hier Seite 47).

Seine Gruppe überlebte die Flut in einer unterirdischen Zuflucht (»Pahlavi Texte« Part I, [161], Seite 63 und 38; Part II, [162], Seite 109 f., und Part III, [163], Seite 59 f. und 109). Sie wird im »Zend-Avesta« „Vara" genannt ([164], Seite 16 f.) und ist mit dem in »Rigveda« 1 – 4, 6, 8 und 10 erwähnten „Vala" [nach Hermann Oldenberg in: [37], Seite 198: „Höhle"] identisch. Das muss auch in »Yajurveda Samhita« 12, 45 (558) b gemeint sein:

„Yama hat auf der Erde einen Ort gegeben, um darin zu ruhen. Diesen Ort haben die Väter [Pitrs, Totengeister] für ihn bereitet" ([8], Seite 164, eigene Übersetzung aus dem Englischen).

Und in 35, 15 (1865) heißt es:

„Hier errichte ich diesen Schutzwall für die Lebenden; laß keinen von ihnen, keinen anderen diese Grenze erreichen. Mögen sie hundert verlängerte Herbste überleben und mögen sie Yama" [*wörtlich: den Tod*] „unter diesem Berg {oder: Gebirge} begraben" ([8], Seite 467, eigene Übersetzung aus dem Englischen).

Der Lokalisierung von Yimas Zuflucht im iranischen Hochland in den Anmerkungen zu den »Pahlavi Texten« ([161], Seite 63) widerspricht aber Shrikant G. Talageris Aussage:

„Die Proto-Iraner waren ursprünglich Bewohner ... der Kashmir-Region ..."
([165], Seite 3, eigene Übersetzung aus dem Englischen).

Nach »Dinkard« 7.1.24 diente die „Zuflucht" Yimas dazu, die Lebewesen vor dem „Winter von Mahrkus" (einer Eiszeit) zu bewahren ([166], Seite 9 f., vergleiche [162], Seite 109, Fußnote 2, [164], Seite 15 - 21). Daher muss Yima vor dem Beginn einer Eiszeit in den Himalaya gekommen sein und dort die unterirdische

Zuflucht oder zumindest Häuser innerhalb derselben gebaut haben. Für das Letztere spricht jedenfalls,

- dass sich im Tretayuga Kishkindha, die Hauptstadt der Affen, nach Valmikis »Ramayana« 4, 26 in einer Höhle befand ([**111**] Vol. 2, Seite 764 und 766),
- die nach 4, 33 im Zentrum eines Höhlensystems lag ([**111**], Vol. 2, Seite 790),
- nach 4, 25 ein „Aufenthaltsort der Himmlischen" war, der von Vali, vor Sugriva der König der Affen, erobert worden war ([**111**] Vol. 2, Seite 760),
- nach 4, 31 „von mächtigen Affen mit Bäumen in ihren Händen umgeben" war ([**111**] Vol. 2, Seite 787) und
- sich nach 4, 27 in der Nähe des Hügels Prasravana befand, der „reich an Höhlen und Lauben" und „mit vielen Dingen gefüllt" war, in dem Rama und Lakshmana vor dem Beginn der Suche nach Sita verweilten ([**111**] Vol. 2, Seite 768).

Den Beginn der Eiszeit scheint auch die »Harivamsa Purana« I, 46 zu beschreiben und auf den 1. Krieg der Götter und Dämonen zurückzuführen ([**48**] Vol. 1, Seite 219 ff.; Vol. 2, Seite 561; 559). Geologen geben nun Ignatius Donnelly (1831 – 1901) zufolge dem Beginn der eiszeitlichen Ablagerungen in Amerika ein Alter von 30.000 Jahren ([**167**], Seite 354), was zum Datum der Flut in den Fragmenten nach Berossos passt (vergleiche hier Seite 37). Damit ergibt sich aber auch eine Verbindung zu der Eiszeit, vor der Yima Schutz suchte (vergleiche auch hier Seite 56). S.V. Ganpati hat dagegen einen logischen Fehler begangen, indem er diese Eiszeit in das Tretayuga verlegte (S.V. Ganpati: »Introduction to the Sama-Veda« in: [**37**], Seite 71 f.).

Auch die nordamerikanischen Hopi-Indianer überlebten nach Frank Waters in unterirdischen Zufluchtsstätten des „Ameisenvolkes" (vergleiche hier Seite 73; [**109**], Seite 29 und 31) eine Flutkatastrophe, gefolgt von einer Eiszeit ([**109**], Seite 31 f.). Dann wären aber nicht Yama und seine Begleiter die zweite Gruppe Überlebender der Flut gewesen (vergleiche hier Seite 84), sondern die Hopis. Auch im »äthiopischen Henoch« 89, 9 werden die in der Arche Geretteten als „weiß" (›Arier‹), „rot" (Hopis) und „schwarz" (Tamilen) beschrieben ([**68**] Band 2, Seite 291).

Das Ameisenvolk wird auch in der »Satapatha Brahmana« (vergleiche hier Seite 77) und »Pañcavimśa-Brâhmana« 5.6.10 erwähnt ([63], Seite 87). In »Krishna (Schwarzen) Yajur Veda« 5.1.2.4 wird der „Ameisenhaufen" das „Ohr der Erde" genannt und mit dem Aufenthaltsort der Daityas (Titanen) gleichgesetzt ([17], Seite 540). Dazu passend werden die Ameisen in »Yajurveda Samhita« 37, 4 (1900) „heilig" genannt und „als früheste der Schöpfung geboren" bezeichnet ([8], Seite 474). Dies ergibt aber eine mögliche Verbindung zu den „Greys" („kleine Graue"), die häufig bei Begegnungen mit Aliens (außerirdischen Wesen) erwähnt werden. Sie besitzen äußerliche Merkmale von Insekten und sind kleiner als wir {vielleicht sind sie mit den Zwergen der »Edda« und den Kobolden identisch}. Die Asuras (ehemalige Daityas) können sich ja nach »Yajurveda Samhita« 2, 30 (61) in „kleine und große Körper" hüllen ([8], Seite 23). Es passt jedenfalls zu der Höhe von „maximal 1,6 Metern" bei einer Breite von „0,7 bis 0,8 Metern" einiger alter Tunnel („Erdställe") in Österreich ([168], Seite 134 und öfter). Ebenso dazu, dass die Eingänge dieses, bis zu 70 Meter tiefen, mehrstöckigen Tunnelsystems ([168], Seite 75) im Mittelalter mit schweren Steinen verschlossen wurden, als ob man etwas fürchtete, das aus diesen Gängen kam ([168], Seite 68 f.).

All das erinnert an Agharti im Himalaya, das Ferdinand Ossendowski (1876 – 1945) das „Mysterium der Mysterien" nennt ([169], Seite 212) und schreibt:

> „Irgendwo im Norden von Asien existiert ein Stamm, welcher bald ausgestorben sein wird, und welcher einst aus den Höhlen von Agharti kam" ([169], Seite 220; [92], Seite 84).

Damit sind die Parsen, die Verfasser des »Zend-Avesta« und der »Pahlavi Texte«, gemeint, die heute großenteils in Indien leben. Sie sind demnach die Nachkommen der Gruppe um Yama/Yima, die sich von Agharti nach Westen bewegte ([50], Seite 11) und zunächst im Gebiet von Kaschmir siedelte. Danach wohnte sie im heutigen Punjab einschließlich Pakistan und Ost-Afghanistan ([165], Seite 3 und 81) und schließlich im Hochland von Iran ([165], Seite 14). K.C. und S. Aryan irren also darin, dass die „ungeteilten >Arier<" „vom Iran durch Afghanistan, das damals Teil von Indien war, bis zu den Niederungen des Ganges" zusammen gewohnt hätten ([66], Seite 103).

Alec MacLellan meint nun, dass es weltweit ein Netz von Tunneln gibt, die die Kontinente verbinden und deren Mittelpunkt Agharti sei ([**92**], Seite 167 und öfter). Ferdinand Ossendowski zitiert den mongolischen Prinzen Chultun Beyli:

> „… Agharti …dehnt sich über alle unterirdischen Gänge der ganzen Welt aus“ ([**169**], Seite 213, eigene Übersetzung aus dem Englischen).

»Vishnu Purana« 2.5.2 ff. erwähnt auch sieben unterirdische Regionen auf der Erde, die sie zwar untereinander anordnet, die aber wahrscheinlicher zu den sieben Kontinenten in Beziehung stehen ([**34**] Vol. 1, Seite 294 f.). Der Name dieser Unterwelt ist dort „Patala“. »Mahabharata« 5.99.1 nennt es eine „im Herzen der Naga-Region“ liegende „Stadt“ ([**14**] Vol. 3, Seite 287). In »Pañcaviṁśa-Brāhmana« 3.10.2 wird sie als „Höhlung“ bezeichnet und als „Zwischenregion“ zwischen „dieser“ und der „jenseitigen Welt“ beschrieben ([**63**], Seite 39). Vielleicht wird die Welt der Totengeister („Pitrs“) in »Brihadâranyaka-Upanishad« 3.1.8 deshalb „übermäßig laut“ genannt ([**32**] Part 2, Seite 124), denn eine Höhle wird natürlich verhallt sein. Nach »Vishnu Purana« 2.5.4 ist Patala „mit prächtigen Palästen verschönert“, in denen Danavas [eine Götterart], Daityas [Titanen], Yakshas [Nymphen und Faune] und große Schlangen-Götter [Giganten] leben ([**34**] Vol. 1, Seite 295; vergleiche auch [**157**], Seite 18). Nach »Skanda Purana« I.i.9.67 ist es „kugelförmig“ und nach I.i.9.65 kamen „die Suras“ [Götter] „und Asuras“ [Dämonen] beim Quirlen des Milchozeans (vergleiche hier Seite 65) „aus Patala hervor“ ([**117**], Seite 69). Daher muss es mit Agharti und mit dem ägyptischen „Duat“ identisch sein, dem wie Agharti eine himmlische und eine irdische Existenz zugesprochen wurde ([**170**], Seite 171 f.).

Vielleicht besteht ein Zusammenhang mit »Harivamsa Purana« 1.11.8, wonach zur Zeit der Söhne von Manu Vaivasvata (die Zeit der Titanen) „die religiös gesinnten Krieger“ „die Gebirgshöhlen in allen vier Himmelsrichtungen“ bezogen ([**48**] Vol. 1, Seite 56). Das ist mit dem Sturz der Titanen durch die Olympier verbunden, der zur religiösen Spaltung der vedischen Kultur führte (siehe hier Seite 120 ff.). Der tibetische Nationalheld Gesar wird ja auch „König der Götter des Krieges“ genannt und „die legendäre Tradition verbindet ihn mit … Shambhala …“ ([**171**], Seite 85).

Dann besteht aber vielleicht auch ein Zusammenhang der Bewohner Aghartis zu Hesiods (zwischen 750 und 650 v.Chr.) »Werke und Tage« 252 – 255:

„Nämlich dreimal zehntausend todfreie Wächter des Zeus
für die todverfallenen Menschen, sind da auf der nährenden Erde.
Die überwachen, dicht in Nebel gehüllt, die Wege des Rechts
und schändliche Taten, überall unterwegs in den Landen“
([**51**], Seite 34 f., Text von mir redigiert)

Das könnte je 10.000 für Europa, Asien und Afrika bedeuten. In »Kritias« 112d f. heißt es aber über die Wächter Ur-Athens, die dann Europa und Asien beträfen:

„In dieser Weise wohnten sie also dort als Wächter ihrer eigenen Mitbürger, sowie frei gewählte *<militärische>* Führer aller anderen Hellenen, und wachten nach Möglichkeit darüber, dass die Zahl ihrer eigenen kriegstüchtigen Mitglieder, an Männern und Frauen, für ewige Zeiten dieselbe bleibe, welche sich auch damals bereits auf ungefähr zwanzigtausend belief“ ([**10**], Seite 449, Text von mir redigiert, in spitzen Klammern Einfügung hinzugefügt).

Sie könnten mit den vedischen Rakshasas identisch sein, die als Beschützer („Wächter“) von Gebieten gelten ([**157**], Seite 10 und 9; vergleiche hier Seite 85). Nach »Mahabharata« 5.16.33 f. wurde nach dem Sieg Indras (damals der ältere Horus) über Vrtra (ägyptisch: Seth) Kubera (griechisch: Pluto, falsch mit Hades identifiziert) ihr Herrscher ([**14**] Vol. 3, Seite 40). Nach 3.275.2 f. war er früher Herrscher von Lanka (vergleiche hier Seite 85), wurde nach 3.275.32 f. von seinem Halbbruder (»Srimad Bhagavatam« 4.1.37, [**26**] Vol. 1, Seite 286) Ravana besiegt und lebte danach auf dem Gandhamadana Berg ([**14**] Vol. 2, Seite 761 und 763 f.; vergleiche hier Seite 77)

Dieselbe Vorstellung erscheint aber auch schon in Hesiods »Werke und Tage« 121 – 126 ([**51**], Seite 30 f.) und Homers (ca. 850 v.Chr.) »Odyssee« XVII, 485 – 487:

„Denn oft tragen die Götter entfernter Fremder Erscheinung;
unter jeder Gestalt durchwandeln sie Länder und Städte,
dass sie den Frevel der Menschen und ihre Frömmigkeit schauen“
([**5**], Seite 681, Text von mir redigiert).

Das scheint aber schon in »Rigveda« 10.10.8 gemeint zu sein:

„Sie stehen nicht still, sie schließen niemals ihre Augenlider, diese Wächter Gottes, die unter uns wandeln" ([**19**] Vol. 2, Seite 423, eigene Übersetzung aus dem Englischen).

Auch »Atharvaveda« 1.1.1 bezieht sich trotz der abweichenden Anzahl darauf:

„Möge Vachaspati" [der *Gott der Sprache*] „mir die Kraft und Stärke von denen zuteilen, welche, jene dreimal sieben, bekleidet mit jeder Form und Gestalt, umher wandern" ([**138**] Vol. 1, Seite 1, eigene Übersetzung aus dem Englischen).

Genau dasselbe sagt Nicholas Roerich (1874 – 1947) von den Boten Shambhalas:

„Sie" [*das heißt: die Buddhisten*] „sprechen über die Boten von Shambhala, die in verschiedenen Verkleidungen für die Hilfe der Menschheit auf der Erde wandeln" ([**4**], Seite 256, eigene Übersetzung aus dem Englischen).

Diodor (1. Jahrhundert v.Chr.) führt es in »Geschichtsbibliothek« I, 12 auf die Ägypter zurück ([**15**] 1. Buch, Seite 25), die es ihren ersten herrschenden Göttern (den Titanen) zuschrieben. Bal Gangadhar Tilak (1856 – 1920) bezieht sich auf die »Veden«, wo es (wie die Rakshasas in Valmikis »Ramayana«!) mit „bösen Geistern" und „Kobolden" in Verbindung gebracht werde:

„Wiederum ist das Wort ‚Kimidin', welches sowohl im »Rig-« als auch im »Atharva Veda« erscheint (RV. VII.104.23; AV I.7.1) und welches auf Kobolde oder böse Geister hinweist, nach »Yâska« (VI. 119) von ‚kim iddanim' [‚was jetzt?'] abgeleitet und durch die Beobachtung erklärt, dass diese Geister als zur Erforschung dessen, ‚was gerade geschieht', herumziehend gedacht werden ([**172**], Seite 135, eigene Übersetzung aus dem Englischen, vergleiche [**138**] Vol. 1, Seite 8, Fußnote 1).

In Unkenntnis der griechischen Überlieferung fährt er dann aber fort:

„Diese Herleitung ist offensichtlich phantasievoll, und da das Wort einen ausländischen Klang hat, glaube ich, dass es ein chaldäisches Wort ist" ([**172**], Seite 135, eigene Übersetzung aus dem Englischen).

Agharti bei den Babyloniern

Agharti scheint selbst im »Gilgamesh-Epos« im Zusammenhang mit der Suche Gilgameshs nach seinem Vorfahren Utnapishtim erwähnt zu sein. Dort heißt es in Tafel IX, ii:

„als er" [*gemeint ist: Gilgamesh, P.N.*] „das Gebirge Mashu erreichte,
das täglich das Hervorkommen <von Schamasch> bewacht"
[*der Sonnengott; das Gebirge liegt also im Osten, P.N.*]
„ihre" [*der Berge, P.N.*] „oberen Teile <berühren?> die Grundlagen des Himmels,
darunter erreichen ihre Brüste Arallu.
Skorpion-Menschen bewachen sein" [*das heißt: Arallus, P.N.*] „Tor,
deren Ausstrahlung schrecklich und deren Blick tödlich ist.
Ihre erschreckenden Strahlenmäntel hüllen die Berge ein,
sie bewachen die Sonne beim Aufgang und Untergang"
([**54**], Seite 96, eigene Übersetzung aus dem Englischen).

Das „Gebirge Mashu" scheint mit dem Malaya-Gebirge identisch zu sein. Die »Skanda Purana« IV.i.1.57 nennt das Gebirge Malaya „einen Wohnsitz von Schlangen" ([**132**], Seite 7; vergleiche dazu hier Seite 86). In der »Matsya Purana« 1, 10 f. heißt es, dass Manu Vaivasvata auf einem seiner Gipfel fromme Askese ausübte, nachdem er sein Reich seinem Sohn übergeben hatte ([**120**] Vol. 1, Seite 4). Nach »Srimad-Devibhagavatam« 10.7.20 hatte dort auch der Weise Agastya seine Einsiedelei ([**160**] Vol. 2, Seite 1234). Dieses Gebirge wird dort, in einer Anmerkung zu »Matsya Purana« 1, 10 f. wie auch in der »Puranic Encyclopedia« in Bezug auf die meisten Erwähnungen im »Mahabharata« als südindisches Gebirge identifiziert ([**47**], Seite 471). Jedoch gibt es nach der »Puranic Encyclopedia« angeblich ein zweites Gebirge dieses Namens, das sich nach »Mahabharata« 12.332.10; 18 und 21 östlich des Berges Kailasa im Himalaya befindet ([**14**] Vol. 8, Seite 521 f.). »Mahabharata« 7.203.71 − 73 zeigt aber, dass beide identisch sind, da das erstere Shivas Gebiet zugesprochen wird ([**14**] Vol. 5, Seite 718). Dessen Wohnsitz ist ja nach der »Shiva Mahapurana« 2.15.25 der Berg Kailasa ([**173**] Vol. 1, Seite 89), der in »Sri Kalki Purana« 34 ([**61**], Seite 207 f.) mit dem Berg Sumeru gleichgesetzt wird. Zumindest teilweise wird auch Shambhala in diesem Gebiet vermutet ([**171**], Seite 282), was in jeder Beziehung Sinn macht (vergleiche [**171**], Seite 85!). Immerhin heißt es von dem Berg Kailasa in der »Harivamsa Purana« 3.46.69:

> „Kailasa ist der Berg, dessen Höhlen immer als ein Aufenthaltsort für die Yaksas" [*Nymphen und Faune*], „Rakshasas" [*Wächter*] „und Ghandarvas" [*göttliche Musiker*] „dienten" ([**48**] Vol. 3, Seite 1130, eigene Übersetzung aus dem Englischen; vergleiche auch hier Seite 75).

Auch Edwin Bernbaum schreibt über das Gebiet von Malaya:

> „Hier baute der erste König von Shambhala ein gewaltiges Mandala" [*ein spirituelles Symbol, P.N.*], „einen mystischen Kreis, der die Essenz der geheimen Lehren verkörpert, die im Königreich" [*gemeint ist: von Shambhala, P.N.*] „bewahrt werden" ([**133**], Seite 15, vergleiche dort Seite 169).

Allerdings ist damit bei ihm nur der erste buddhistische König gemeint ([**133**], Seite 22). Er schreibt aber bereits vorher, dass ihm „die wenigen Lamas", die ihm „darüber berichteten", gesagt hätten, „dass es Shambhala seit Anbeginn der Welt gegeben habe" ([**133**], Seite 20). Es handelt sich jedoch um künstlich geschaffene oder zumindest erweiterte Höhlensysteme, also müssen sie einen Baumeister haben. Yima (Yama) scheint auch nur einen Bereich des schon vorhandenen Komplexes für die Überlebenden der Flut von Kumari Kandam erhalten oder eingenommen zu haben. Da Agharti jedoch in einem sehr engen Zusammenhang zum Tartaros steht, kann es nach Hesiods »Theogonie« 154 – 158 zumindest bis auf die Zeit von Uranos zurückgeführt werden:

> „Wieviele aber auch von Gaia und Uranus erzeugt wurden,
> die schrecklichsten der Kinder: Sie <alle> waren dem Vater verhasst
> von Anfang an. Und sobald einer von ihnen geboren war,
> verbarg er sie alle in einer Höhlung der Erde (Gaia)
> und ließ sie nicht ans Licht hinauf"
> ([**3**], Seite 55 f.).

Über diese Höhle spricht er in »Theogonie« 295 -305 noch einmal, wo es um eine Tochter von Keto, der Tochter von Pontos [dem Meer] und Gaia [der Erde] geht:

> „<Keto> aber gebar in einer gewölbten Grotte ein anderes, unwiderstehliches Ungeheuer,
> das in keiner Hinsicht ähnlich war, weder den sterblichen Menschen

noch den unsterblichen Göttern, die göttliche, mutige Echidna,
halb eine schönäugige <und schönwangige> Nymphe,
halb aber eine gewaltige Schlange, furchtbar und groß,
gewandt und blutgierig, in den Tiefen der heiligen Erde.
Dort unten ist eine Höhle unter einem gewölbten Felsen,
fern von den unsterblichen Göttern und von den sterblichen Menschen.
Dort haben ihr die Götter bestimmt, ein berühmtes Haus zu bewohnen.
Sie aber verweilte bei den Arimern unter der Erde, die unselige Echidna,
die unsterbliche Nymphe und alterlos für alle Tage"
([**3**], Seite 69, Text von mir redigiert).

Die „Arimer" scheinen mit den „Arimaspen" identisch zu sein, ein einäugiges, im Norden wohnendes Volk, das Goldbergwerke betrieb. Auch Aischylos schreibt in »Der gefesselte Prometheus« 805 f. von dem

„… Heim der einäugigen Arimaspen, den Reitern,
die um die Quelle von Plutons Strom wohnen, der Gold mitführt"
(zitiert nach [**174**], Seite 61, eigene Übersetzung aus dem Englischen).

So ergäbe sich jedenfalls eine Identität mit den älteren Zyklopen (die bei Homer in der »Odyssee« auftretenden Zyklopen sind anderer Herkunft und einer späteren Zeit zuzurechnen). Die älteren Zyklopen wurden ja von Uranos auch in den Tartaros verbannt. Vergleiche zu dieser Deutung in der »Bibel« »Hesekiel« 26,20:

„ ... so werde ich Dich hinabstürzen ... zu dem Volke der Urzeit" (*eigentlich: des <ersten> Zeitalters*) „und werde Dich mit denen, welche in die Grube hinab gefahren sind, in den untersten Örtern der Erde, in den Trümmern von der Vorzeit her wohnen lassen" ([**6**], Seite 628, in spitzen Klammern Einfügung von mir hinzugefügt).

Gemeint ist auch dort offenbar der Tartarus, wobei auch dabei die Identität mit Agharti durchscheint.

Auch die Styx, der berühmte Schwurfluss der Götter, hat nach »Theogonie« 777 – 779 ihr Haus im Tartaros, und diese Stelle lässt am stärksten an Agharti denken:

„Entfernt von den Göttern bewohnt sie ein berühmtes Haus,
überdeckt mit großen Steinen. Rundum reckt es sich

ganz mit silbernen Säulen zum Himmel empor“
([**3**], Seite 109).

Möglicherweise ist die Styx daher mit dem bei Edwin Bernbaum erwähnten Fluss Sita identisch, der eine „Hauptmarkierung auf dem Weg nach Shambhala“ darstellen und „nach dem am wenigsten phantastischen Reiseführer“ nach Osten fließen soll. Andere Reiseführer nach Shambhala „verwirren diese Angabe jedoch“ durch die Aussage, dass „der Sita zwei Flüsse sein könnten“, von denen einer nach Westen und einer nach Osten fließt ([**133**], Seite 50). Daraus ergibt sich ein Zusammenhang mit dem Brahmaputra, der sowohl nach Osten als auch nach Westen fließt ([**175**]). Es könnte sich jedoch auch auf das Sternbild und den Fluss Eridanus beziehen, der Fluss Sita scheint nämlich auch mit dem in »Rigveda« 5.53.9 und 10.108.1 erwähnten Fluss „Rasa“ identisch zu sein ([**19**] Vol. 1, Seite 558 und Vol. 2, Seite 594). Dieser Fluss scheint aber nach »Rigveda« 9.41.6 eine Beziehung zum Eridanus zu haben, der als Ursprung des Okeanos galt (vergleiche hier Seite 78):

„Auf jeder Seite, Oh Soma, umfließe uns mit deinem schützenden Strom, wie Rasa die Welt umfließt“ ([**19**] Vol. 2, Seite 318, eigene Übersetzung aus dem Englischen).

Der Fluss Sita könnte aber auch mit dem „Strom Plutons“ identisch sein, da Plutons vedischer Name „Kubera“ lautet und im Zusammenhang mit Shambhala genannt wird (vergleiche hier Seite 92).

In »Theogonie« 717 – 819 gibt Hesiod anlässlich des Sturzes von Kronos und den Titanen durch Zeus und die Olympier eine ausführliche Beschreibung des Tartaros. In diesem Zusammenhang spricht er in »Theogonie« 734 – 735 davon, dass die hundertarmigen Riesensöhne von Uranos (die „Hekatoncheiren“) aus »Theogonie« 147 – 153 den Tartaros bewachen ([**3**], Seite 105, vergleiche dort Seite 55). Das erinnert an die „Skorpion-Menschen“ des »Gilgamesh-Epos«, die Wächter der Unterwelt Arallu. die Häuser der hundertarmigen Riesen befinden sich jedoch nach »Theogonie« 815 – 819 „auf dem tiefsten Grund des Okeanos“ ([**3**], Seite 111).

Für die obige Deutung der Stelle des »Gilgamesh-Epos« spricht jedenfalls auch »Mahabharata« 3.282.38 – 44, denn dort betreten die nach Sita suchenden Affen eine Höhle, in der die Göttin Maya ihren Palast hat ([**14**] Vol. 2, Seite 786). Diese

Höhle wird zwar in 3.282.38 dem Süden zugeordnet [**14**] Vol. 2, Seite 785), jedoch handelt es sich ja um eine Episode des »Ramayana«, die im Tretayuga spielt, bevor es am Ende dieses Zeitalters zu der Verschiebung der Pole kam (vergleiche Tabelle 6 hier Seite 60 und hier Seite 79).

Das „Arallu" in dem Zitat aus dem »Gilgamesh-Epos« (vergleiche hier Seite 94) ist der babylonische Name der Unterwelt, des Reiches der Toten, die ja in der vedischen Religion Yama (Yima) unterstehen. Die „Skorpion-Menschen" treten aber auch im »Enuma Elish« auf, wobei besonders eine Stelle interessant ist, die, mehrfach wiederholt, in der Übersetzung von L.W. King erscheint an den Stellen:

- I, 113 – 124 + 126 – 128 ([**103**], Seite 17 – 19);
- II, 19 – 30 + 32 – 34 ([**103**], Seite 25 – 27);
- III, 23 - 34 + 36 – 38 ([**103**], Seite 41 – 43); sowie
- III, 81 – 92 + 94 – 96 ([**103**], Seite 51 – 53).

In der Übersetzung von W.G. Lambert findet sich die Stelle in:

- I, 133 – 144 + 146 – 148 ([**67**] Seite 573 – 574);
- II, 19 – 30 + 32 – 34 ([**67**], Seite 575);
- III, 23 – 34 + 36 – 38 ([**67**], Seite 580); sowie
- III, 81 – 92 + 94 – 96 ([**67**], Seite 581 – 582).

Nach der Übersetzung von L.W. King zitiert heißt es dort jeweils:

„113 Ummu Hubur [*das heißt: Tiamat, P.N.*], die alle Dinge gebildet hat,
114 hat daneben unbesiegbare Waffen gemacht, sie hat Monster Schlangen geboren
115 mit scharfen Zähnen und gnadenlosen Fängen.
116 Mit Gift hat sie ihre Körper anstelle von Blut gefüllt.
117 Grimmige Monster-Vipern hat sie mit Schrecken bekleidet,
118 sie hat sie mit Glanz geschmückt, sie hat sie von hoher Statur gemacht.
119 Wer immer sie beschaut, den überfällt der Schrecken.
120 Ihre Körper ragen empor, und niemand kann ihrem Angriff widerstehen.
121 Sie hat Vipern und Drachen und das <Monster> Lahamu erzeugt,
122 und Hurricanes und <eine> tobende Meute und Skorpion-Menschen {oder: Skorpion-Männer},

123 und mächtige Stürme und Fisch-Menschen {oder: Fisch-Männer} und
   Widder.
124 Sie tragen gnadenlose Waffen, ohne Angst vor dem Kampf.
                                (...)
126 Auf diese Weise hat sie elf <Monster> von großer Statur gemacht.
127 Unter den Göttern, die ihre Söhne sind, hat sie, insofern er sie unterstützte,
128 Kingu erhöht ...“
([**103**] Seite 17 – 19, eigene Übersetzung aus dem Englischen, in spitzen
Klammern Einfügungen in der Quelle).

Die letzten drei Zeilen lauten allerdings bei W.G. Lambert:

„Insgesamt machte sie elf von dieser Art.
Unter ihren göttlichen Söhnen, die sie zur Versammlung einberief,
erhöhte sie Kingu und machte ihn unter ihnen groß“
[**67**], Seite 574).

Die „Monster-Vipern“ sind offenbar die babylonische Bezeichnung für die
Giganten. Diese werden ja auch bei den Griechen, Römern und Indern mit
Schlangenfüßen dargestellt und offenbar gibt es eine sprachliche Beziehung der
„Vipern“ zu den englischen „Wyvern“ ([**176**]). Das »Krishna (Schwarze) Yajur
Veda« 7.3.1 [2] könnte die Bedeutung dieser Mischwesen erklären helfen:

„Sie“ [*das heißt: die Opfernden*] „singen die Verse der Schlangenkönigin an
diesem Tag. Die Königin von allem was kriecht ist dies [die Erde]. Was auch
immer sie auf dieser <Erde> loben, was auch immer sie gelobt haben, dadurch
ist dies [die Erde] die Schlangenkönigin“ ([**17**], Seite 709, eigene Übersetzung
aus dem Englischen).

Die Schlangenfüße würden danach für den irdischen Erbteil der Giganten stehen,
der menschliche Rest aber für den göttlichen. Für die obige Identifizierung spricht
auch die Betonung ihrer Größe in den Zeilen 118, 120 und 126 und deren Wirkung
auf die Menschen in Zeile 119 des »Enuma Elish«. Das erinnert an die Aussage im
»Gilgamesh-Epos« über die Wirkung der Skorpion-Menschen (vergleiche hier
Seite 94). Es ist wohl auch in Valmikis »Ramayana« 4, 31 mit den „schrecklich
aussehenden“, nach 4, 66 „mannhaft gebauten“, „mächtigen Affen“ gemeint ([**111**]
Vol. 2, Seite 787; 766).

Besonders interessant sind aber die Zeilen 121 bis 123 des obigen Zitates von L.W. King. Darin werden jeweils drei Subjekte genannt, die parallele Bedeutungen haben, was aber offenbar nicht zu offensichtlich werden sollte, denn

1. stimmt innerhalb der Zeilen die zeitliche Reihenfolge nicht und
2. sind alle Zeilen gegeneinander in ihrer Reihenfolge verdreht.

Tabelle 8 orientiert sich jedoch an der zeitlichen Abfolge des Auftretens der Götter, Giganten und Typhons, und ändert daher die Reihenfolge, um die parallelen Bedeutungen sichtbar zu machen:

Parallelismen im »Enuma Elish« nach L.W. King			**Griechen**
I, 121; II, 27; III, 31	I, 122; II, 28; III, 32	I, 124; II, 29; III, 33	»Theogonie«
Drachen	Skorpion-Menschen	Fisch-Menschen	Götter
Vipern	Tobende Meute	Widder	Giganten
<Monster> Lahamu	Hurricanes	Mächtige Stürme	Typhon
Parallelismen im »Enuma Elish« nach W.G. Lambert			**Griechen**
I, 141; II, 27; III, 31	I, 142; II, 28; III, 32	I, 143; II, 29; III, 33	»Theogonie«
Drachen	Skorpion-Mensch	Fisch-Mensch	Götter
Hydra	Großer Dämon	Grimmige Dämonen	Giganten
Haariger Held	Wilder Hund	Stier-Mensch	Typhon

Tabelle 8: Die parallelen Bedeutungen im »Enuma Elish«

Die Reihenfolge in I, 121 (bei Lambert I, 141) bzw. II, 27 und III, 31 macht klar, dass es sich bei den Giganten um die Uranus-Abkömmlinge handeln muss. Dabei ist aber nicht ganz klar, ob die Bezeichnung „Skorpion-Menschen" (die auch auf sumerischen Rollsiegeln auftauchen) zu ihnen oder zu den Göttern der ersten Zeile der Tabelle gehört. Ich gehe von letzterem aus, denn:

- Einerseits bezieht Kai Helge Wirth das Sternbild Skorpion auf die Küstenlinie der Biskaya bis zur Bretagne ([**148**], Seite 73). Da dieses Gebiet aber zum Bereich der Megalith-Kultur gehört, liegt es nahe, hier einen Zusammenhang zu sehen.
- Andererseits scheint die Bezeichnung „tobende Meute" in der zweiten Zeile der Tabelle 8 aber auf den Kampf der Giganten gegen die Olympier anzuspielen. Dann sind jedoch die „Skorpion-Menschen" den „Fisch-

Menschen" parallel, deren bekanntester Vertreter Oannes war, den ich mit Okeanos identifiziere. Das würde allerdings ihre Herkunft aus dem Gebiet des nordwestlichen Europa nahe legen.

Jane B. Sellers führt, damit überstimmend, dazu an, dass in Ägypten

„… das Symbol des Skorpion mit den ‚königlichen Vorfahren' in Verbindung gebracht wurde und irgendwie mit Wiedergeburt verbunden war" ([65], Seite 207, eigene Übersetzung aus dem Englischen).

Daraus ergibt sich jedoch, dass unter den „Göttern" die Titanen zu verstehen sind und „Skorpion-Menschen" demnach die babylonische Bezeichnung für sie ist. Dafür spricht auch die Angabe von Theodor Hopfner (1886 – 1946) über den Skorpion (der der Göttin Selket unterstand, die ihn als Zeichen auf ihrem Kopf trug), „unter dessen astrologischem Schutz des Phallus stand" ([123] Band I, Seite 83). Dazu passend wird aber in den »Hymnen des Orpheus« von den Titanen in der 38. Hymne 13 – 14 (eigene Verszählung) gesagt:

„… denn es rinnet aus Euch
alle Zeugungskraft durch das All!"
([177], Seite 74).

Auch die Sternsage über Orion, der durch einen Skorpion-Stich getötet worden sein soll, ist in diesem Zusammenhang zu sehen ([178], Seite 30). Da Orion von den Ägyptern mit Osiris identifiziert wird, scheint dies die mythologische Einkleidung seiner Ermordung durch Seth (der zu den Titanen gehörte) zu sein, der dann nach dem obigen Zitat den „Skorpion-Menschen" zuzurechnen wäre. Theodor Hopfner schreibt jedenfalls, zu dieser Deutung passend, dass Plutarch (ca. 46 – 120 n.Chr.) zufolge Osiris am 17. Tag des Monats Athyr des ägyptischen Kalenders ermordet wurde, „als die Sonne den Skorpion durchlief" ([123] Band I, Seite 40).

Die Änderungen des Tierkreises

Die ersten herrschenden Götter Ägyptens und des »Rigveda« der Hindhus entsprechen nun den ersten acht Tierkreisbildern:

Stelle	Deutsch	Lateinisch	Ägypter	Inder	Bemerkung
	Die Veränderungen der Sternbilder (Götter) des Tierkreises ab ca. 32.500 v.Chr.				
1	Widder	Aries	Ptah	Agni/(Indra)	(heute Äqui.)
2	Stier	Taurus	Amun-Rê	Surya	-
(3)	Orion	Orion	Sah/Osiris	Vishnu	(früher)
3 (4)	Zwillinge	Gemini	Schu (& Tefnet)	Vayu (& ?)	-
4 (5)	Krebs	Cancer	Khem	?	(heute Sols.)
5 (6)	Löwe	Leo	Geb	Dharma	-
6 (7)	Jungfrau	Virgo	Isis	Mahadevi	-
7	(Waage)	(Libra)	(Haroeris)	-	(heute Äqui.)
(8)	Schlangenträger	Ophiuchus	Seth	Vrtra	(früher) (früher Äqui.)
8 (9)	Skorpion	Skorpio	?	?	(heute Äqui.)
9 (10)	Schütze	Sagittarius	?	Rudra	-
(11)	Adler	Aquila	?	Garuda	(früher)
10 (12)	Steinbock	Capricorn	?	Prajapati	(heute Sols.)
11 (13)	Wassermann	Aquarius	Nun	Varuna	-
12 (14)	Fische	Pisces	?	{Ashvins?}	-

Tabelle 9: Die Änderungen des Tierkreises. Orion, Schlangenträger und Adler entfielen, Waage kam hinzu. Zu der Zuordnung der vedischen Götter vergleiche »Pañcavimśa-Brāhmana« 4.6.7:

„Von den Göttern ist es fürwahr Vayu, der ihn (Surya, die Sonne) erreicht …"
([**63**], Seite 57, eigene Übersetzung aus dem Englischen).

Surya steht zwar (wie bei den Ägyptern Amun-Rê) gewöhnlich für den Sonnengott, wird aber in der »Harivamsa Purana« 3.53.36 als „Sternbild" bezeichnet ([**48**] Vol. 3, Seite 1166). Die in der Tabelle außer Waage grau markierten Sternbilder gehören nicht mehr zum Tierkreis, der ursprünglich aus 14 Sternbildern bestand. Wahrscheinlich besteht ein Zusammenhang zu den 14 Manus der Hindhus, von denen bisher erst 6 aufgetreten sind, während wir in der Zeit des siebenten Manu, Vaivasvata, leben. Ich hatte ursprünglich angenommen, dass das Sternbild Kethos („Walfisch“ oder „Seeungeheuer“) als vierzehntes zum Tierkreis gehörte, diese Annahme erwies sich aber als falsch. Dieses Sternbild liegt in einem Bereich, der bereits von den Sternbildern Pisces (Fische) und Aries (Widder) abgedeckt wird. Dafür stellte sich bei einer neueren Untersuchung heraus, dass zwischen den Sternbildern Capricorn (Steinbock) und Sagitarius (Schütze) eine Lücke im Tierkreis klafft. Diese kann ausschließlich von dem Sternbild Aquila (Adler vedisch: Garuda) ausgefüllt werden. Es ist daher ziemlich sicher, dass es als ehemals elftes Zeichen zum Tierkreis gehörte.

Die Änderung in der Anzahl der Sternbilder des Tierkreises scheint mit dem Sturz der Titanen durch die Olympier zusammenzuhängen, wie das »Krishna (Schwarze) Yajurveda« 2.2.6 nahe legt:

> „Agni Vaicvanara ist das Jahr, der Platz der Götter ist das Jahr“ [*gemeint ist der Tierkreis, P.N.*]; „von diesem Platz vertrieben die Götter die Asuras durch ihren Sieg“ ([**17**], Seite 212, eigene Übersetzung aus dem Englischen).

Zieht man von dem Datum 32.500 v.Chr. (vergleiche hier Seite 37) für jedes der ersten sieben Sternbilder die 2160 Jahre ab, die die Erdachse im Rahmen der Präzession rechnerisch in einem Sternbild verweilt, so kommt man in das Jahr 17.380 v.Chr. (32.500 – (7 * 2160)). Das entspricht nahezu exakt dem Datum, das Herodot (ca. 484 – 425 v.Chr.) in »Historien« II, 43 ([**2**] Band I, Seite 145) für den Sturz der Titanen durch die Olympier angibt: 17.000 Jahre vor der Zeit von Amasis, also rund 17.500 v.Chr. (vergleiche hier Seite 12). Die geringe Differenz der obigen Rechnung zu der Angabe bei Herodot lässt sich dadurch erklären, dass dieser Sturz am Anfang der Zeit von Seth (Schlangenträger, einschließlich des Sternbildes Schlange) stattfand. Zu dieser Zeit hat Zeus (vedisch: Indra, ägyptisch: Ammon) die Position des Widder (ägyptisch: Ptah, vedisch: Agni) im Tierkreis übernommen ([**65**], Seite 123), wie es in der ersten Zeile der Tabelle vermerkt ist.

Diese Änderung des Tierkreises wird vielleicht auch in der »Devi Bhagwat Purana« angedeutet. Sie gehört zwar nicht zu den Hauptpuranas und ist relativ jung, enthält aber in ihrer Bildersprache eine Reihe astronomischer Angaben, die sehr alt zu sein scheinen. Ihr zufolge wollte der Weise Vishwamitra den Nachkommen von Manu Vaivasvata in der fünfundzwanzigsten Generation ([**145**], Seite 80 ff.), Satyavrata, zu dessen Lebzeiten (als Sternbild) in den Himmel versetzen. Als Indra dies verhinderte und Satyavrata zur Erde zurück schickte, beschloss Vishwamitra, einen anderen Himmel zu schaffen. Indra erfuhr davon und setzte Satyavrata zwischen Himmel und Erde ([**145**], Seite 83).

Satyavrata ist allerdings auch der Name des jetzigen Manu Vaivasvata (vergleiche hier Seite 65). Vielleicht ist er daher mit Savitr (ägyptisch Thooth) verwechselt, der manchmal mit Tvastr gleichgesetzt wird, welcher nach »Mahabharata« 5.9.46 Vrtra (ägyptisch: Seth; siehe hier Seite 129) erschuf, um Indra zu stürzen ([**14**] Vol. 3, Seite 22). »Krishna (Schwarzes) Yajurveda« 2.4.12 zufolge geschah dies, weil Indra Tvastrs Sohn erschlagen hatte ([**17**], Seite 260). Nach 2.5.1, weil dieser öffentlich den Göttern, geheim aber den Asuras den Opferanteil versprach, ([**17**], Seite 266). Darauf wurde Indra von Tvastr vom Opfer ausgeschlossen worauf sich Indra seinen Anteil gewaltsam holte ([**17**], Seite 260 f.). Nach 6.5.5 wurden durch das Schlagen Vrtras die Jahreszeiten durcheinander gebracht ([**17**], Seite 636), was vielleicht die Folgen der Gewalt Indras beschreibt. »Rigveda« 1.84.13 und 8.82.2, vergleiche 2.14.6, 2.19.6 und 6.26.5 ([**19**] Vol. 1, Seite 115, Vol. 2, Seite 257 und Vol. 1, Seite 293, 300 und 629) zeigen, dass durch Indras Kampf mit Vrtra auch die Bergfestung „Sambhara" und ihre 99 Festungen zerstört wurden. »Yajurveda Samhita« 20, 36 (1157) und 20, 40 (1161) sprechen von „aufgestoßenen Portalen" bzw. „Türen" und 28, 3 (1532) vom „Niederreißer von Festungen" ([**8**], Seite 304 f. und 389). In »Krishna (Schwarzem) Yajurveda« 4.7.14 wird Indra „Herr der Schächte" und in 6.5.9 „Vereiner von Schächten" genannt ([**17**], Seite 531 und 642). Das könnte die Identität von Sambhara mit Shambhala bedeuten, und einen Zusammenhang mit »Der Seherin Gedicht« 18 in der »Edda«:

„Den Ger warf Odin
ins Gegnerheer;
der erste Krieg kam in die Welt;
es brach der Bordwall
der Burg der Asen,
es stampften Wanen

streitkühn die Flur“
([**64**], Seite 29).

In »Ynglinga Saga« 2 wird Asgard (in der »Edda« der Wohnsitz der Asen, vergleiche hier Seite 47) die Hauptstadt Asiens genannt ([**79**], Seite 19), was zu dem „Bordwall“ der „Burg der Asen“ passt, die also mit Agharti identisch wäre. Es ist wohl auch in »Atharvaveda« 18.3.40 mit dem „Zentrum der Ordnung“ gemeint ([**138**] Vol. 2, Seite 195). Zum Brechen des Bordwalls vergleiche »Rigveda« 9.108.3 f. (siehe das Zitat hier Seite 124). Nach der »Ynglinga Saga« 4 wurde dieser Krieg gegen die Wanen von den Asen begonnen und durch eine Übereinkunft mit gegenseitiger Stellung von Geiseln beendet ([**79**], Seite 19). Auch das indische »Srimad Bhagavatam« 8.6.32 gibt an, dass es vor dem Quirlen des Milchozeans einen Vertrag zwischen den Göttern und Asuras (Asen) gab ([**26**] Vol. 1, Seite 718).

Die Ägypter überliefern diese Auseinandersetzung auch, wobei es dabei um den Streit von Seth (vedisch: Vrtra) und Horus (vedisch: Indra) um das Erbe (den Platz im Tierkreis) von Osiris (vedisch: Vishnu) ging ([**65**], Seite 96; 159 und öfter). Der ältere Horus ist jedenfalls im Tierkreis von Dendera in einer Weise zwischen den Sternbildern Stier (ägyptisch: Amun-Rê vedisch: Surya) und Orion (ägyptisch: Osiris, vedisch: Vishnu) dargestellt ([**128**], Seite 38 f.), die zu der Darstellung der »Devi Bhagwat Purana« passen würde. Unabhängig von der Frage, ob der „Himmel“ Vishwamitras wirklich den Tierkreis meint, beschreibt die »Devi Bhagwat Purana« aber eine Änderung der astronomischen Verhältnisse.

Nach Hyginus (2. Jahrhundert n.Chr.) »Von der Astronomie« 4, 5 gab es jedenfalls lange Zeit nur elf Sternbilder im Tierkreis:

> „Eigentlich sind es keine zwölf Sternbilder, sondern elf, weil der Skorpion wegen seiner großen Ausdehnung den Platz zweier Sternbilder beansprucht, von denen der vordere Teil die Waage ist, während man den anderen den Skorpion nennt“ ([**179**], Seite 92).

Daher heißt es auch in »Yajurveda Samhita« 7, 19 (264):

„Oh ihr elf Götter, deren Wohnsitz der Himmel ist“ [*gemeint ist: der Tierkreis, P.N.*], „oh ihr Elf, die die Erde zu ihrer Wohnung machen.“ ([**8**], Seite 82, eigene Übersetzung aus dem Englischen).

So heißt es auch in der »Kürzeren Seherinnenrede« 1 in der »Edda«:

„Es wurden elf
Asen gezählt,
als Balder sich neigte
zum blutigen Hügel“
([**64**], Seite 54)

Balder dürfte hier für Osiris/Vishnu/Orion stehen. Der „blutige Hügel“ meint nicht den Scheiterhaufen, wie man meinen könnte (denn der war nicht „blutig“), sondern die Erde, und gemeint ist die Abwärtsbewegung des Orion (siehe hier Seite 110). Um wieder zwölf Sternbilder zu erhalten, wurde später das größte Sternbild, Skorpion, geteilt. Ambrosius Theodosius Macrobius (dem 5. Jahrhundert n.Chr. zugerechnet) schreibt in »Tischgespräche am Saturnalienfest« 1.12.11 darüber:

„Und wiederum ist gegenüber der Skorpion so geteilt, dass er beiden Gottheiten“ [*das heißt: Mars und Venus, P.N.*] „gemeinsam gehört. Man glaubt auch, dass bei dieser Teilung eine himmlische Ursache vorliegt, ist doch der hintere Teil des Skorpion, die Wohnung des Mars, mit einem Stachel bewehrt, der eine höchst wirksame Waffe bildet, während Venus den vorderen Teil erhielt, den die Griechen ‚zygos‘ [Joch] nennen, wir jedoch“ [*das heißt: die Römer, P.N.*] „‚Waage‘; Venus nämlich befestigt Ehen sozusagen mit dem Joch der Eintracht und stiftet Freundschaften“ ([**180**], Seite 60 f.).

Erst Julius Cäsar (100 – 44 v.Chr.) fügte aber die vom Skorpion getrennte Waage als zwölftes Sternbild hinzu ([**128**], Seite 34). In dem Sternkreis von Dendera, der durch das Sternbild Waage der Zeit nach Cäsar zuzuordnen ist, obwohl er auf eine viel frühere Zeit verweist (vergleiche hier Seite 18), ist die Waage Haroeris („Horus dem Kind“) zugeordnet. Das ist der ältere Horus, der von Isis und Osiris im Mutterleib gezeugt wurde und zusammen mit ihnen als Frühgeburt zur Welt kam. Er wird von den Ägyptern als Daumen lutschendes Kind {in der Entwicklung zurückgebliebene Frühgeburt?} dargestellt ([**128**], Seite 38 f.; 40), weshalb ihn die

Griechen wohl mit dem jüngeren Horus verwechselten. Die Ursache dieser Zuordnung scheint aber auch im »Pyramidentext« 257, 304 gemeint zu sein:

> „Da ist Aufruhr im Himmel. ‚Wir sehen etwas Neues‘, sagen die erstentstandenen Götter. Oh du Neunheit“ [*gemeint ist: die göttlichen Herrscher Ägyptens der ersten Zeit, P.N.*], „Horus ist im Sonnenlicht, die Besitzer von Formen entbieten ihm ihren Gruß, alle zwei Neunheiten dienen ihm, denn er sitzt auf dem Thron des Herrn des Alls“ ([**146**], Seite 67, eigene Übersetzung aus dem Englischen; siehe auch [**65**], Seite 108).

Hier wird offensichtlich von einer Veränderung im Himmel berichtet, die Horus betraf und ihn „ins Sonnenlicht“ brachte. Das heißt entweder: (von einer bestimmten Örtlichkeit aus) sichtbar über den Horizont erhob oder in den „Weg der Sonne“, das heißt: den Tierkreis brachte. Auch Colin Wilson schreibt über die scheinbare Bewegung der Sonne über der Erde:

> „Die Zeichen des Tierkreises (Widder, Stier usw.) werden ‚Sonnenzeichen‘ genannt, weil die Sonne jeden Monat vor einem Hintergrund von unterschiedlichen Konstellationen aufgeht“ ([**181**], Seite 288, eigene Übersetzung aus dem Englischen).

Die „Besitzer von Formen“ sind die den Sternbildern des Tierkreises zugeordneten Götter, die auch mit den „urzeitlichen Göttern“ gemeint sind. Der „Herr des Alls“ meint Osiris, der von den Ägyptern dem Sternbild „Sah“ oder „Sahu“ (Hirte = Orion) zugeordnet wird und dessen Thron der ältere Horus erhielt. Osiris ist aber eine Inkarnation Vishnus, die von den Hindhus „Prithu“ genannt wird. Zu dieser Identifizierung passt auf jeden Fall, dass sich nach Plutarch (ca. 46 – 120 n.Chr.), »Über Isis und Osiris«, bei der Geburt von Osiris eine Stimme hören ließ, die verkündete, „dass der Allherr“ (den Theodor Hopfner falsch mit dem Sonnengott gleichsetzt, [**123**] Band I, Seite 109) „an das Licht trete“ ([**123**] Band I, Seite 3; [**43**], Seite 155). In »Pyramidentext« 257, 304 ist jedenfalls eine Änderung der Achsenstellung der Erde beschrieben, die auch die sogenannte „kleine Neunheit“ der Götter hervorbrachte. Colin Wilson schreibt, die »Pyramidentexte« würden aus der 5. bis 6. Dynastie (2500 – ca. 2190 v.Chr.) stammen, und fährt dann fort:

> „Der Ägyptologe Wallis Budge merkte an, nachdem er das schiere Durcheinander einiger der Texte bemerkt hatte, dass wahrscheinlich die

Schreiber selbst nicht verstanden, was sie schrieben und dass die Texte daher wahrscheinlich Kopien von viel älteren Dokumenten waren …" ([**181**], Seite 87, eigene Übersetzung aus dem Englischen).

Das Sternbild Orion gehörte also ursprünglich zum Tierkreis. Nun schreibt aber Theodor Hopfner (1886 – 1946) über das Bein des von Seth zerrissenen Osiris:

„Dieses Bein wird übrigens gelegentlich dargestellt, wie sich der Nil in Strahlen aus ihm ergießt, da Osiris oft mit dem Nil identifiziert wurde" ([**123**] Band I, Seite 152).

Ebenso schreibt R.A. Schwaller de Lubicz (1887 – 1961) dazu:

„Sein linkes Bein wurde im Abaton, das bedeutet ‚das Unzugängliche', oder Grab von Osiris begraben. Die Priester dachten, dass dieses Bein der Sitz einer Quelle des Nil sei" ([**88**], Seite 92, eigene Übersetzung aus dem Englischen).

Der „Nil" steht hier für das Sternbild Eridanus. Das Gleiche ergibt sich aus »Srimad Bhagavatam« 5.17.1 – 6 und »Skanda Purana« VII.ii.18.105 ([**182**], Seite 119). Der dort „Ganges" genannte Fluss ist auch das Sternbild Eridanus (vergleiche hier Seite 78), das vor dem linken Fuß des Orion beginnt, der dort mit Vishnu identisch ist, vergleiche »Vishnu Purana« 2, 8:

„Von dieser dritten Region der Atmosphäre oder dem Sitz von Vishnu geht der Strom aus, der alle Sünde abwäscht, der Fluss Ganges … Er hat seine Quelle im Nagel der großen Zehe von Vishnus linkem Fuß … Der Ort, woher dieser Fluss zur Reinigung der drei Welten" [*gemeint ist eher Weltraum, Atmosphäre und Erdboden, als nach* [**183**], *Seite 258: Himmel der Götter, Erde der Lebenden und Reich der Toten, P.N.*] „hervor kommt, ist der dritte Teil der himmlischen Regionen, der Sitz Vishnus" ([**34**] Band I, Seite 330 und 332, eigene Übersetzung aus dem Englischen).

Jane B. Sellers sagt nun von diesem Sternbild Orion:

„Orion würde sehr einfach als von unterschiedlichem Status als die Sterngruppen, die sich auf der Ekliptik befanden, erkannt werden" ([**65**], Seite 126, eigene Übersetzung aus dem Englischen).

Bei ihrer Präzession wandert die Erdachse durch die Sternbilder des Tierkreises (vergleiche hier Seite 32), wodurch Orion zwischen ihnen und der Erde auf und ab steigt. Es handelt sich um eine Folge des Impaktes (vergleiche hier Seite 78), der die Flut auslöste (vergleiche hier Seite 33 und Seite 38). Wie der „König der Bären", Jambavan [das Sternbild Großer Bär] in »Sri Kalki Purana« 27 ([**61**], Seite 169) zeigt, meinen Vishnus drei Schritte durch das Universum als Vamana (Zwerg-Brahmane) in »Srimad Bhagavatam« 8.18 – 8.23 diese Bewegung des Orion ([**26**] Vol. 1, Seite 757 – 774). Sie ist auch in »Harivamsa Purana« 1.41.100 f. gemeint ([**48**] Vol. 1, Seite 193), und deshalb wird Vishnu mit zwei Paar Armen dargestellt, die den oberen und unteren Umkehrpunkt dieser Bewegung darstellen ([**184**]). Vergleiche dazu Valmikis »Ramayana« 4, 42, wonach erst der pferdeköpfige Vishnu (vergleiche hier Seite 77 f.) den Diskus und das Horn (die Attribute der oberen Arme) erhielt ([**111**] Vol. 2, Seite 818). Das ist allerdings im »Ramayana« ein Anachronismus, weil es erst nach der Flut (vergleiche hier Seite 65) stattgefunden hat, die dessen Zeitalter beendete. Auch in »Grimnismal« 32 der »Edda« geht es aber um diese Bewegung des Orion:

„Ratatoskr heißt das Eichhorn, das auf und ab rennt
an der Esche Yggdrasil:
Des Adlers Worte oben vernimmt es
und bringt sie Nidhöggrn nieder"
([**185**] I, Seite 31)

„Nidhöggr" ist der Drache am Fuße der Weltesche „Yggdrasil", das heißt: der in den Himmel verlängerten Erdachse. Gemeint ist also das Sternbild Draco, in »Rigveda« 7.34.17, 7.35.13 und 10.92.12 ([**19**] Vol. 2, Seite 41, 43 und 565), sowie »Krishna (Schwarzem) Yajur Veda« 1.8.14.k ([**17**], Seite 173) „der Drache der Tiefe" genannt. In der jüdischen Überlieferung heißt er „Leviathan", das männliche „Ungeheuer" im »äthiopischen Henoch« 60, 8 (dort allerdings falsch mit dem „Behemoth" identifiziert, dem Sternbild „Kethos" oder „Walfisch"), dessen „Brust eine unabsehbare Wüste … einnimmt" ([**68**] Band 2, Seite 269). Das bezieht sich auf Grönland. Das weibliche „Ungeheuer", im »äthiopischen Henoch« 60, 7 als „Leviathan" bezeichnet, ist in Wirklichkeit „Rahab", das Sternbild „Hydra" („Wasserschlange"). Dass die beiden „Ungeheuer" beim Endgericht „verteilt" werden sollen, scheint mit der Prophezeiung in »Der Seherin Gedicht« 42 in der

»Edda« zusammen zu hängen (vergleiche das Zitat hier Seite 64). In »Grimnismal« 32 ist jedoch das Gebiet auf der Erde gemeint, das durch das Sternbild Draco dargestellt wird (vergleiche hier Seite 75), da Ratatoskr (das Sternbild Orion) zu ihm „niedersteigt". Kai Helge Wirth zufolge zeichnet das Sternbild die Küstenlinie von Grönland und Neufundland nach ([148], Seite 56 ff.), und nach »Skanda Purana« I.iii(U).9.7 liegt der Drache im Meer ([139], Seite 128).

»Gylfaginning« 16 sagt dann jedenfalls von Ratatoskr weiter:

> „Ein Adler sitzt in den Zweigen der Esche, der viele Dinge weiß, und zwischen seinen Augen sitzt ein Habicht, Wehrsölnir genannt. Ein Eichhörnchen, das Ratatoskr heißt, springt auf und nieder an der Esche und trägt Zankworte hin und her zwischen dem Adler und Nidhöggr" ([185] III, Seite 21).

Der Adler ist das gleichnamige Sternbild (vergleiche Tabelle 9 hier Seite 102). Ratatoskrs (Orions/Osiris'/Vishnus) Bewegung hatte etwa 10.500 v.Chr. mit 9° 20' über dem Horizont den Tiefpunkt. Nach »Rigveda« 7.100.4 fand sein erster Schritt aufwärts nach der Flut statt ([19] Vol. 2, Seite 104), dessen Höhepunkt (in »Krishna (Schwarzem) Yajurveda« 4.2.9.1 und »Yajurveda Samhita« 5, 18 (183) erwähnt) er etwa 23.000 v.Chr. erreichte ([17], Seite 443 und [8], Seite 57). Seinen zweiten oberen Höhepunkt, in »Yajurveda Samhita« 32, 10 (1689) angeführt ([8], Seite 428), wird er etwa 2500 n.Chr. mit 58° 14' über dem Horizont haben ([170], Seite 91). Dann wird der dritte Schritt Vishnus beendet sein, und nach »Mahabharata« 3.189.33 ([14] Vol. 2, Seite 546) wird dies das Ende des Kaliyuga sein (vergleiche hier Seite 41 f.), was auch »Krishna (Schwarzes) Yajur Veda« 1.2.13.e und i zeigt ([17], Seite 60). Nach »Aitareya Brahmana« 6.15.14 könnten dann die titanischen Götter (daityas) wiederkehren, wenn man es zeitlich versteht ([56], Seite 404). Vielleicht irrt also Plutarch in »Über Isis und Osiris« 29, wenn er schreibt, Phylarchos' (3. Jahrhundert v.Chr.) Aussage verdiene „keine Beachtung":

> „… Serapis sei dagegen der Name dessen, der das All ordne, abgeleitet von dem Wort ‚sairein', ‚fegen', das manche im Sinne von ‚schön machen', ‚ordnen' gebrauchen" ([43], Seite 183, Text von mir redigiert).

E. v. Starck zufolge ist „Serapis" von babylonisch „Sar Apsu" [„Herr der Tiefe"] abgeleitet ([84], Seite 170). Nach »Über Isis und Osiris« 28 steht es für Osiris, dem daher die Ordnung des Tierkreises unterstand. Jedenfalls schreibt Jane B. Sellers über das Sternbild Orion,

> „… dass im alten Babylonien die Konstellation Orion ‚der wahre Hirte des Himmels‘ genannt wurde" ([65], Seite 209, eigene Übersetzung aus dem Englischen).

Er ist vielleicht mit dem „Hirten von Nekhen" der Ägypter identisch, den man nach Jane B. Sellers für „eine frühe Form von Osiris" hält ([65], Seite 88 und 209), dessen Titel „Asar-Saa" ja auch „Osiris der Hirte" bedeutet ([65], Seite 101).

Bis Schlangenträger (Ophiuchus, ägyptisch: Seth, vedisch: Vrtra) sind die Sternbilder des Tierkreises also die ersten acht Götter der Ägypter, die mit den Titanen um Kronos (ägyptisch: Geb, vedisch: Dharma) und den vedischen Göttern identisch sind. Mit dem „selbsterschaffenen" ägyptischen Atum als erstem, den die Hindhus Vishnu nennen und als „universellen Geist" bezeichnen (vergleiche vedisch: Atma), ergibt sich die „Große Neunheit" der ägyptischen Götter.

Amun („der Verborgene") wird aber oft mit Ammon verwechselt (z.B. [142], Seite 41), obwohl der letztere mit Widderhörnern, der erstere jedoch mit Stierhörnern dargestellt wird. Daher wird er in »Yajurveda Samhita« 3, 7 (72) f. als „Stier" bezeichnet und ihm ein Bereich von 30° des Tierkreises zugeschrieben ([8], Seite 27). Amun ist auch nicht mit dem Sonnengott Rê (vedisch: Surya) identisch, sondern entspricht Uranus (vedisch: Dyaus), der nicht mit bloßem Auge sichtbar ist. Rê (vedisch: Surya, griechisch: Helios) ist aber nach »Theogonie« 132 – 138 und 371 - 374 von Hesiod (ca. 750 – 650 v.Chr.) ein Sohn von Uranos (vedisch Dyaus) und Gaia (vedisch: Pritivi) ([3], Seite 55 und 75). Das Sternbild wechselte also seinen Besitzer von Amun zu Rê (Amun-Rê), nicht umgekehrt, wie Helene E. Hagan schreibt ([142], Seite 50).

Der Fehltritt von Pan

Die in den Fragmenten nach Berossos angeführten zehn Urkönige (vergleiche hier Seite 18 f.) müssten ihrer Herkunft aus Kumari Kandam zufolge mit den „Pandyischen Königen" der Tamilen identisch sein ([77], Seite 127). Obwohl es nicht stichhaltig zu begründen ist ([95], Seite 15), besteht vielleicht ein Zusammenhang dieser Bezeichnung mit dem älteren Pan. Nach Fußnote 54 zur »Geschichtsbibliothek« von Diodor (1. Jahrhundert v.Chr.) von Dr. Adolf Wahrmund (1827 – 1913) nannten die Ägypter ihr Land „Chemi" oder „Khemi" ([15] 1. Buch, Seite 33). Das bedeute ihm zufolge „schwarz" (*vedisch: Krishna*) und wurde von ihm unter Berufung auf Plutarch (ca. 46 – 120 n.Chr.) »Über Isis und Osiris« 33 auf den schwarzen Boden Ägyptens zurückgeführt. Nach Fußnote 17 dort ist jedoch eher anzunehmen, dass es von „Khem", griechisch Pan, abgeleitet ist ([15] 1. Buch, Seite 18).

Herodot (ca. 484 – 425 v.Chr.) zählt in »Historien« II, 46 und 145 auch Pan (ägyptisch: Khem, fälschlich mit Min gleichgesetzt) zu den acht Göttern um Kronos ([2] Band I, Seite 147 und 200 f.), die mit den Göttern des »Rigveda« und des Tierkreises identisch sind (vergleiche Tabelle 9 hier Seite 102). Auch Diodor nennt Pan in »Geschichtsbibliothek« I, 63 den „achten König" Ägyptens ([15] 1. Buch, Seite 104), was aber nicht stimmen kann, denn das war nach »Geschichtsbibliothek« I, 44 (vergleiche das Zitat hier Seite 17) und Herodots »Historien« II, 144 Horus ([2] Band I, Seite 200). In »Historien« II, 146, wird Pan von Herodot ein „Sohn Penelopes" von Hermes (römisch: Merkur) genannt ([2] Band I, Seite 201). Penelope ist jedoch die Gattin von Odysseus, es dürfte daher vielmehr Persephone gemeint sein, die dabei jedoch für Isis stehen muss, da es nach Cicero (106 – 43 v.Chr.) »Von der Natur der Götter« III, 56 der erste Merkur (Thooth) war,

> „… dessen Glied sich einmal allzu unverschämt erhoben haben soll, weil ihn der Anblick der Proserpina" [*griechisch: Persephone, hier muss aber Isis gemeint sein, P.N.*] „dazu reizte" ([186], Seite 410 f.).

Der griechische Name „Pan" bedeutet aber „All" und danach wäre Pan mit Vishnu (und damit auch mit Krishna) identisch, der ja Brahma (dem Universum) die Form gibt, daher sagt die Hymne »Dem Pan« in den Hymnen des »Orpheus« von ihm:

„Pan den starken rufe ich an,

den Hirtengott, die Gesamtheit des Alls

(…)

Du spielst die Weltharmonie

mit scherzendem Flötengesang"

([**177**], Seite37)

Er wird dabei mit Orion identifiziert, der ja der „Hirte" des Tierkreises ist und weiter wird von ihm gesagt, er laufe „im Kreise" und zusammen genannt mit:

- Himmel (griechisch: Uranus, ägyptisch: Amun, vedisch: Dyaus = das Sternbild Stier),
- Meer (griechisch: Okeanos, ägyptisch: Nun, vedisch: Varuna = das Sternbild Wassermann),
- „Allkönigin Erde" (griechisch: Gaya, ägyptisch: Isis, vedisch: Prithivi = das Sternbild Jungfrau; der Erde gehörte offenbar das Sternbild vorher, siehe [**66**], Seite 42); und schließlich
- dem „unsterblichen Feuer (griechisch: Hephaistos, eigentlich: Prometheus, ägyptisch: Ptah, vedisch: Agni = das Sternbild Widder).

Das scheint die vier „Elemente" (Aggregatzustände) Luft, Wasser, Erde und Feuer zu symbolisieren. Sodann wird von Pan gesagt, dass er „mit den Horen" (Eunomia = Gute Ordnung, Dike = Gerechtigkeit, Eirene = Frieden) herrsche, von denen J.O. Plassmann sagt, sie seien „ursprünglich Göttinnen der Zeiteinteilung" gewesen ([**177**], Seite 149).

Der ägyptischer Name Pans, Khem, ist jedoch mit dem des Noahsohnes Ham („Cham") in der »Bibel« in »1.Mose« 5, 32 ff. identisch ([**6**], Seite 4). Nach »1.Mose« 9, 22 schlief dieser mit seiner Mutter, Noahs Frau:

„Und Ham, der Vater Kanaans, sah die Blöße seines Vaters und berichtete es seinen beiden Brüdern draußen" ([**6**], Seite 7).

Allerdings gab es zu dieser Zeit noch kein entsprechendes Verbot (es war noch die Zeit ungeregelten Geschlechtsverkehrs, aus dem das Matriarchat hervorging, weil der Vater immer ungewiss war). Erst »3.Mose« 18, 8 (vergleiche auch »5.Mose« 22, 30) erklärt dazu:

„Die Blöße des Weibes deines Vaters sollst Du nicht aufdecken, es ist die Blöße deines Vaters" ([**6**], Seite 94).

Diese Begebenheit um Ham fand nach »1.Mose« 9, 18 bereits vor der Sintflut statt und der daraus entsprungene Sohn Hams, Kanaan, unter anderem im Geschlechtsregister in »Lukas« 3, 36 „Kainan" genannt, wurde in der Arche geboren:

„Und die Söhne Noahs, welche aus der Arche hervorgingen, waren Sem, Ham und Japhet; und Ham ist der Vater Kanaans" ([**6**], Seite 7).

Kanaan wurde dann von Arphaksad, dem Sohn Sems, adoptiert ([**6**], Seite 752). Diese seine Herkunft ist der Grund, weshalb er in einigen Geschlechtsregistern der »Bibel« fortgelassen wurde. Herodot berichtet aber in »Historien« II, 46 Ähnliches von Pan, wie die »Bibel« von Ham:

„Den Pan rechnen die Mendezier unter die acht Götter … Nun malen und formen ihre Maler und Bildhauer das Bild des Pan wie die Hellenen, mit Ziegenkopf und Bocksbeinen. Sie glauben aber keineswegs, er sehe so aus, sondern ähnlich wie die übrigen Götter. Warum sie ihn aber so malen, das möchte ich lieber nicht sagen" ([**2**] Band I, Seite 147, Text von mir redigiert).

Dafür lässt sich aus Diodors »Geschichtsbibliothek« I, 88 entnehmen, dass es ein Symbol der Zeugungskraft ist ([**15**] 1. Buch, Seite 137). Demnach ist er mit dem Eros des Dialoges »Symposion« [deutsch: »Das Gastmahl«] 178b von Platon (428/27 – 348/47 v.Chr.) identisch ([**187**], Seite 71). Auch Herodot fügt dann aber an der oben zitierten Stelle noch erklärend hinzu:

„Der heilige Bock besprang vor aller Augen ein Weib, und alle Welt bekam's zu wissen" ([**2**] Band I, Seite 147).

Cicero schreibt daher von Pan, dass „dessen Namen auszusprechen bei den Ägyptern als Sünde gilt" [**186**], Seite 411). Obwohl Pan also bei den Ägyptern zu den Titanen zählt, wird er nicht zu den sechs, in den Fragmenten nach Manetho (ca. 3. Jahrhundert v.Chr.) genannten, der ersten acht Götter gerechnet, die in der eigentlichen Zeit von Kronos herrschten ([**12**], Seite 13 und 15 f.). Er muss demnach bereits davor gelebt haben, das heißt aber: zur Zeit von Kumari Kandam. Da er aber für die Zeugungskraft steht (vergleiche hier Seite 114), ist einer der

Namen des „Hindhu Gottes der Liebe" ([**188**], Seite 8) in der »Kalikapurana« 2, 5 „Kama" ([**40**], Seite 7), vergleiche ägyptisch „Khem", in Valmikis »Ramayana« 4, 28 als „Cupido" übersetzt ([**111**] Vol. 2, Seite 770). Nach »Kalikapurana« 1, 42 wurde er als zwölfter geboren, nach den von Brahman ersten zehn geistgeborenen Söhnen in 1, 24 – 25a der zweiten Göttergeneration (vergleiche Tabelle 3 hier Seite 28) und dem „schönen Mädchen" (dem Sternbild Virgo oder Jungfrau) in 1, 25b ff. ([**40**], Seiten 4 und 3). Die letzten beiden wurden also nach den zehn Urkönigen der Fragmente nach Berossos geboren (vergleiche hier Seite 25). Er wurde jedoch entweder als erster oder nach Amun (griechisch: Uranus, vedisch: Dyaus, dessen Sternbild von Rê, griechisch: Helios, vedisch: Surya, übernommen wurde, siehe oben) wegen seines Fehltritts aus dem Tierkreis ausgeschlossen. Daraus ergibt sich aber eine astronomische Bedeutung für die >Entmannung< von Uranus. Diodor bietet dafür zwar in »Geschichtsbibliothek« III, 71 eine andere rationelle Deutung ([**15**] 3. Buch, Seite 92), die mir aber wenig glaubhaft erscheint. Der Sturz von Pan ist jedoch auch im »äthiopischen Henoch« 86, 1 gemeint:

> „Weiter sah ich" [*gemeint ist Henoch, P.N.*] „mit meinen Augen, während ich schlief, und ich sah den Himmel oben, und siehe, ein Stern fiel vom Himmel herab, und als er sich <von seinem Fall> erhoben hatte, fraß und weidete er zwischen jenen Farren" [*gemeint sind die Nachkommen Adams, P.N.*] ([**68**] Band 2, Seite 290).

Im »äthiopischen Henoch« 86, 3 wird dieser gefallene Stern als die Ursache des Falls der Engel und ihrer Vermischung mit den Frauen der Menschen dargestellt.

Bei der obigen Deutung ergibt sich jedoch, dass dann mit der Sintflut der »Bibel« die Flut des »Gilgamesh-Epos« gemeint sein muss, nicht die Flut, in der Atlantis unterging. Das würde allerdings, trotz der Übereinstimmungen, im Widerspruch zu »1.Mose« 9, 11 stehen, wo Jahweh versprach, dass es keine Sintflut mehr geben solle ([**6**], Seite 7), aber vielleicht handelt es sich nur um eine der Lügen in der »Bibel«.

Die Flut in »Bibel« und »Gilgamesh-Epos«	
Sintflut	**Flut des »Gilgamesh-Epos«**
360-Tage-Jahr	360-Tage-Jahr
Engel auf Erden	Anunaki auf Erden
Formung des Menschen	Formung des Menschen
Menschen arbeiten für Jahwe	Menschen arbeiten für Anunaki
10 Ur-Väter	10 Ur-Könige
lange Lebenszeit	lange Lebenszeit
Gründung von Städten	Gründung von Städten
Engel lehrten Menschen (Henoch)	Götter lehrten Menschen (Berossos)
Vermischung von Engeln und Menschen	Vermischung von Göttern und Menschen (Gilgamesh!)
Geschichte Hams	Geschichte Khems (Pans)
Anweisung Jahwes zum Bau der Arche	Anweisung Eas/Enkis zum Bau der Arche
Überflutung durch Regen	Überflutung durch Regen
Vögel aus der Arche	Vögel aus dem Schiff
Arche landet in Gebirge	Schiff landet in Gebirge
Opfer nach der Flut	Opfer nach der Flut

Tabelle 10: Die Parallelen der Fluten der »Bibel« und des »Gilgamesh-Epos«

Bei Eusebius von Cäsarea (260/64 – 337/40 n.Chr.) fehlt allerdings Isis (vedisch: Mahadevi oder Shakti) in der Aufzählung der ersten herrschenden Götter Ägyptens in den Fragmenten nach Manetho und ist durch den jüngeren Horus (den Sohn von Isis nach dem Tod von Osiris) ersetzt ([**12**], Seite 3 f.). Der jüngere Horus fehlt jedoch im Tierkreis, dafür ist der ältere Horus enthalten (das Sternbild Waage wird ihm zugeordnet), den Herodot vielleicht in »Historien« II, 144 meint ([**2**] Band I, Seite 200). Jungfrau (Virgo; ägyptisch: Isis, vedisch: Mahadevi oder Shakti) entspricht der älteren, „himmlischen" Aphrodite. Nach Platons Dialog »Symposion« [deutsch: »Das Gastmahl«] 180d ist sie die Tochter von Uranus (ägyptisch: Amun, der oft mit Ammon verwechselt wird, siehe oben), während die jüngere, „gewöhnliche" Aphrodite die Tochter von Zeus und Dione ist ([**187**], Seite

77). Auch Seth (vedisch: Vrtra) ist mit aufgeführt, der nach Isis (Virgo, vedisch: Mahadevi oder Shakti) als Schlangenträger zum Tierkreis gehörte. Apollodor (2. Jahrhundert v.Chr.) stellt Typhon, der bei den Griechen und Hindhus („Vrtra") mit Seth identifiziert wird, in seiner »Mythologischen Bibliothek« 1.6.3 als mit Schlangen bedeckt dar ([9], Seite 39). Bei Eusebius von Cäsarea ([12], Seite 3 f.) fehlt aber auch Chons, der ältere Herakles (vedisch: Narasimha), unter den acht Göttern, von dem auch Herodot in »Historien« II, 43 schreibt, er habe erst zu den zwölf (olympischen) Göttern gehört, „die aus den acht *<Göttern>* hervorgingen" ([2] Band I, Seite 144).

Ägypten	Indien	Griechenland	Rom	Israel	Tierkreis-zeichen	Stelle
Atun	Brahma	Theos (ohne Artikel)	Deus	Elohim	-	-
Ammon	Indra	Zeus	Jupiter	Jahwe (EL)	Widder (später)	1.
Ptah	Agni	Hephaistos (eigentlich Prometheus?)	Vulcanus (eigentlich?)	-	Widder (früher)	(1.)
Amun	Dyaus	Uranos	Coelus	-	Stier (früher)	(2.)
Re	Surya	Helios	Sol	Schem	Stier (später)	2.
Osiris	Prithu/ Vishnu	Dionysos (d.Ältere)	Eigentlich Saturn	Eloah	Orion (ehem.)	(3.)
Schu & Tefnut	Ashvins	(Dioskuren?)	?	-	Zwillinge	3. (4.)
Chons	Narasimha	Herakles (d.Ältere)	Herkules	-	Krebs	4. (5.)
Geb	Bali	Kronos	Saturn (falsch!)	-	Löwe	5. (6.)
Isis	Durga	Aphrodite (Demeter?)	Venus	Astarte	Jungfrau	6. (7.)
Nephtis	?	Persephone	Proserpina	-	-	-
Horus (d. Jüng)	?	Apollon	Apollo	-	Waage (seit Cäsar)	7.
Seth	Vrtra	Typhon	?	-	Schlangenträger (ehemals)	(8.)
Khem	Kama	Pan	Sylvanus? Faunus?	Ham	Skorpion	8. (9.)
?	Rudra	Chiron	?	-	Schütze	9. (10.)
?	Garuda?	?	?	-	Adler	(11.)
?	Prajapati	?	?	-	Steinbock	10. (12.)
Nun	Varuna	Okeanos	Oceanus	-	Wassermann	11. (13.)
?	Soma	Selene	Luna	-	Fische	12. (14.)
Thooth	Tvastr	Prometheus?	?	-	-	-

Tabelle 11: Die Entsprechungen der Götter und Tierkreisbilder. Die Nummern der Tierkreisbilder bezeichnen ihre Stelle im Verlauf der Präzession, in Klammern die ehemalige Stelle.

Die Spaltung der vedischen Kultur

Rajesh Kochhar schreibt nun in seinem Buch über die Beziehung des iranischen (von ihm „avestisch genannten) und indischen Teils der vedischen Kultur (von ihm „vedisch" genannt) richtig:

> „Die Einrichtungen, Bräuche und die Art zu Denken des vedischen und avestischen Volkes sind so gleich, dass es keinen Zweifel geben kann, dass die beiden Völker eng verwandt sind" ([**121**], Seite 35, eigene Übersetzung aus dem Englischen).

Die religiösen Unterschiede zwischen diesen beiden Zweigen bestehen aber insbesondere darin:

- Der indische Zweig erkannte die Olympier um Zeus als Götter (vedisch: „Devas") an und bezeichnete die vorherige Göttergeneration der Titanen (vedisch: „Daityas") als „Asuras", das heißt: Dämonen, siehe den „Stier" (ägyptisch: Amun) in »Yajurveda Samhita« 33, 22 (1717) ([**8**], Seite 434).

- Dagegen beharrte der iranische Zweig darauf, dass die Titanen (vedisch: „Daityas") allein Götter seien und nannte die rebellierenden Olympier um Zeus (vedisch: „Devas") „Asuras" (vergleiche »Pahlavi Texts« Part IV, [**189**], Seite 153).

Die „Asen" in der »Edda« entsprechen den vedischen „Asuras", so wurden später vom indischen Zweig der vedischen Kultur die „Daityas" genannt und dämonisiert, wie die Titanen bei den Griechen. Zum Letzteren siehe die Aussage von Flavius Josephus (37 – ca. 100 n.Chr.) in seiner Streitschrift »Gegen Apion« II, 34:

> „... dass sie" [*das heißt: die Staatsbürger*] „nur einen Teil der Götter für ‚Spender des Guten' halten konnten, während sie die anderen als Unheilsbringer bezeichnen mussten. Die letzteren suchen sie sich deshalb wie die schlimmsten Menschen durch Gaben und Geschenke vom Hals zu halten, indem sie sich großes Unheil von ihnen zusprechen, wenn sie ihnen nicht den schuldigen Tribut entrichten" ([**190**], Seite 189, Text von mir redigiert).

„Spender des Guten" spielt auf »Theogonie« 43 – 46 an, wo Zeus und die Olympier damit gemeint sind ([**3**], Seite 47), während Kronos und die Titanen in dem Zitat als „Unheilsbringer" bezeichnet werden. Das steht jedoch im Gegensatz zu dem „Goldenen Zeitalter" des Kronos.

Dagegen hielt der iranische Zweig der vedischen Religion aber an der Bezeichnung der rebellierenden Götter als „Asuras" („Asen") fest. Diese Sicht vertraten neben dem iranischen Zweig der vedischen Religion nach »Historien« II, 142 auch die Ägypter, die gegenüber Herodot (484 – 425 v.Chr.) darauf beharrten, dass nach den acht Göttern keine Götter mehr in Menschengestalt aufgetreten seien ([2] Band I, Seite 199). Dies lässt jedoch nur den Schluss zu, dass die Spaltung der vedischen Kultur auf die Änderung der herrschenden Götter zurückzuführen ist. Rajesh Kochhar hat daher Unrecht, wenn er über diese Spaltung schreibt:

> „Der Punkt der Trennung zwischen der avestischen und vedischen Religion liegt in der Betonung, die Zarathustra bis zum Ausschluss von allem anderen auf ethisches Handeln legte" ([121], Seite 34, eigene Übersetzung aus dem Englischen).

Das scheint eher selbst nur eine Folge der wirklichen Ursache zu sein. Aus ihr folgt aber, dass die Trennung nach 17.500 v.Chr. stattgefunden haben muss, denn dies ist das Datum, das Herodot in »Historien« II, 43 für den auslösenden Faktor dieser Spaltung angibt (vergleiche das Zitat hier Seite 12). Die dafür angenommenen Daten 2500 – 2200 v.Chr. bzw. 1200 v.Chr. ([66], Seite 177 f.) sind viel zu spät.

Das Quirlen des Milchozeans fand im 3. Zeitalter, „Dvaparayuga", statt ([191], Seite 10). In diesem Zeitalter verfasste der Weise Vyasa nach »Srimad Bhagavatam« 1.1.1 die „heiligen »Puranas«", in denen die ältere Geschichte überliefert wird. Außerdem ordnete er die »Veden« nach ihrem Verlust (vergleiche hier Seite 34) neu und teilte sie nach »Mahabharata« 3.149.27 ([14] Vol. 2, Seite 420, »Vishnu Purana« 3.4.15 ([34] Vol. 1, Seite 400) und »Harivamsa Purana« 1.41.162 ([48] Vol. 1, Seite 199) in die heutigen vier, »Rigveda«, »Samaveda«, »Yajurveda« und »Atharvaveda« auf ([50], Seite 47). Das wird auch in »Yajurveda« 31, 7 ([192], Seite 373) und »Atharvaveda« 10.7.20 ([193], Seite 460) vorausgesetzt. Nur drei Veden kennen jedoch:

- »Rigveda« 10.90.9 ([19] Vol. 2, Seite 559),

- »Krishna (Schwarzes) Yajur Veda« 1.2.3, 2.4.12, 2.5.7, 3.1.1, 4.7.9, 6.1.2 [3], 6.5.10 [2], 7.3.1 [2] und 7.3.12 ([**17**], Seite 52, 262, 277, 316, 525, 553, 644, 709 und 719),
- »Yajurveda Samhita« 4, 1 (129), 31, 7 (1664), 34, 5 (1797) und 36, 1 (1873) ([**8**], Seite 39, 422, 452 und 469),
- »Aitareya Brahmana« 1.4.22 und 3.2.23 ([**55**], Seite 124 f. und 179),
- »Satapatha Brahmana« 3.1.12 ([**194**], Seite 5), 5.1.1.10 ([**195**], Seite 3) und 11.5.8.3 ff. ([**33**], Seite 102 f.),
- »Mahabharata« 3.149.14, 5.43.3 f. und 6.33.17 und 20 f. ([**14**] Vol. 2, Seite 419, Vol. 3, Seite 140 und Vol. 4, Seite 87 f. = »Bhagavad Gita« 9, 17 und 20 f.),
- Valmikis »Ramayana« 4, 3 ([**111**] Vol. 2, Seite 701),
- »Manusmrti« 1, 23 ([**21**], Seite 12; [**22**], Seite 10),
- »Âpastamba« 1.1.1.28, 1.1.2.6, 1.4.12.5 und 2.9.24.8 ([**35**] Part 1, Seite 5, 6, 46 und 160),
- »Gautama« 11, 25 und 16, 21 ([**35**] Part 1, Seite 237 f. und 261),
- »Vasishtha« 1, 16; 7, 3; 13, 30 und 17, 87 ([**35**] Part 2, Seite 4, 40, 66 und 94),
- »Baudhâyana« 2.5.9.14, 2.6.11.34, 2.8.14.4 f., 2.8.14.12, 3.9.8, {4.2.11}, 4.3.3 und 4.5.29 ([**35**] Part 2, Seite 255, 262, 267, 268 f., 308, {318}, 320 und 327),
- »The Institutes Of Vishnu« 5, 31; 8, 8; {28, 34}; 30, 26; 31, 7 und 55, 10 f. ([**28**], Seite 28, 49, {119}, 125, 128 und 182),
- »Srimad Bhagavatam« 8.7.21 ([**26**] Vol. 1, Seite 722),
- »Vishnu Purana« 2.11.7 ff. und 3.4.15 ([**34**] Vol. 1, Seite 339 f. und 400),
- »Agni Purana« 382, 8 ([**196**], Seite 1074),
- »Skanda Purana« VII.i.20.57 ([**44**], Seite 122),
- »Khândogya-Upanishad« 1.1.9; 1.3.7; 1.4.2 ff.; 2.21.1; 2.23.3; 3.15.7; 4.17.2 ff. und 8, 6.7.2 ([**32**] Part 1, Seite 2 f., 8, 11, 32, 35, 50, 70f. und 97),
- »Aitareya-Âranyaka« 1.3.2.7 und 9; 2.3.6.8; 3.2.3.5 sowie 3.2.5.2 ([**32**] Part 1, Seite 177 f., 230, 259 und 263),
- »Kaushîtaki-Upanishad« 1, 5; 1, 7 und 2,6 ([**32**] Part 1, Seite 278, 279 und 283 f.)

- »Mundaka Upanishad« 2.1.6 ([**32**] Part 2, Seite 34 f.),
- »Taittirîyaka-Upanishad« 1.5.2 ([**32**] Part 2, Seite 48 f.),
- »Brihadâranyaka-Upanishad« 1.2.5; 1.5.5 und 5.14.2 ([**32**] Part 2, Seite 76, 94 und 196),
- »Prasña-Upanishad« 6, 3 – 5 und 7 ([**32**] Part 2, Seite 282 f.) und
- »Slokavarttika« 1, 1 ([**197**], Seite 1)

(die Liste umfaßt nur die mir bekannten Werke und erhebt daher keinen Anspruch auf Vollzähligkeit). In einigen dieser Werke gibt es aber Stellen, die vier »Veden« erwähnen, diese Werke müssen daher später erweitert worden sein. Demnach kann es aber zur Zeit von Vyasa nur drei »Veden« gegeben haben, „trayi" („Drei") genannt ([**50**], Seite 47; [**198**], Seite 3), wie es auch »Vishnu Purana« 3.4.15 (im Gegensatz zu 3.4.2) direkt angibt ([**34**] Vol. 1, Seite 400).

Nach »Mahabharata« 5.18.5 – 7 kam das »Atharvaveda« aber schon nach dem Sieg Indras (damals noch der ältere Horus) über Vrtra (ägyptisch: Seth) hinzu, nachdem Nahusha (ägyptisch: der jüngere Horus) gestürzt worden war ([**14**] Vol. 3, Seite 42, vergleiche [**198**], Seite 3; [**138**] Vol. 1, Seite XI und XII f.). Andererseits erscheint im »Atharvaveda«, einer Fußnote von Alfred Hillebrandt zufolge, dreißigmal der Begriff „Asuras" im Sinne von „Dämonen", dagegen im »Rigveda« nur viermal ([**199**], Seite 189, Fußnote 2). Es liegt daher nahe, das »Atharvaveda« (wie das Schwarze und Weiße »Yajurveda«) der Zeit nach der Machtübernahme von Zeus zuzuweisen (vergleiche hier Seite 12), das »Rigveda« aber schon der Zeit von Kronos (vergleiche hier Seite 22). Deshalb gibt es jedenfalls vom »Atharvaveda« keine »Aranyaka« (Texte von im Wald lebenden Denkern; [**191**], Seite 24) und „keinen antiken Kommentar" ([**138**] Vol. 1, Seite XXIX). Sein eigentlicher Name ist nach »Mahabharata« 5.18.7 »Atharvangirasa« ([**14**] Vol. 3, Seite 42), vergleiche »Baudhâyana« 2.5.9.14 ([**35**] Part 2, Seite 255) und »Maitrayana Upanishad« 6, 32 ([**200**] Vol. 1, Seite 370).

»Srimad Bhagavatam« 8.24.7 zufolge wurden die »Veden« nicht aufgeteilt, weil Teile davon „in Vergessenheit geraten waren" ([**191**], Seite 10), sondern weil der Danava-König Hayagriva (auch Sambara, [**47**], Seite 678, vergleiche dort Seite 311, bzw. Samkha genannt [**201**] Vol. 1, Seite xi) sie gestohlen hatte ([**26**] Vol. 1, Seite 775). Obwohl es sich auf eine spätere Zeit bezieht, entspricht das dem

Diebstahl der „Tafel der Götterschicksale" im Besitz von Enlil (Kronos) durch Anzu in der ersten Tafel des babylonischen »Anzu-Epos« ([67], Seite 748 f.). Mit ihrem Besitz war die Herrschaft über die Götter und die Welt verbunden (vergleiche dazu hier Seite 34), daher geht es dabei um den Sturz von Kronos. Dann muss Hayagriva allerdings mit Hayagriba (vergleiche hier Seite 78) identisch sein. Die »Veden« waren jedoch vorher schon einmal verloren gegangen (vergleiche hier Seite 34 f.).

Die Auseinandersetzung zwischen Titanen und Olympiern um die Herrschaft wird auch in der »Völuspa« (»Der Seherin Gedicht«) 17 in der »Edda« erwähnt. Danach ging es in dem Streit zwischen Asen und Wanen darum, ob die Asen (die Titanen) Tribut zahlen und die Wanen (die Olympier) einen Opferanteil bekommen sollten (vergleiche auch »Pancavimsa Brahmana« 7.5.6, dargestellt in: [47], Seite 311 f.). Der „Opferanteil" meint den beim Quirlen des Milchozeans gewonnenen „Amrita-Nektar", der für Unsterblichkeit steht, vergleiche »Krishna (Schwarzes) Yajur Veda« 1.8.14:

> „Du bist Amrita-Nektar, beschütze mich vor dem Tod"
> ([17], Seite 172, eigene Übersetzung aus dem Englischen).

In »Mahabharata« 5.44.30 wird er mit Brahma identifiziert ([14] Vol. 3, Seite 148) und in »Mahabharata« 6.28.30 mit den Resten des Opfers gleichgesetzt, die vom Opfernden gegessen werden ([14] Vol. 4, Seite 75). In »Mahabharata« 1.32.9 ([14] Vol. 1, Seite 110) und »Varaha Purana« 35, 10 ([202], Seite 110) wird er mit „Soma" identifiziert, das ja geopfert wurde. Das scheint sich schon auf »Rigveda« 1.116.12 zu beziehen (vergleiche hier Seite 77):

> „... als Atharvans Nachkomme, Dadyac" [*ein Brahmane*], „Euch" [*die Ashvins*] „durch den Pferdekopf mit der Süße des Soma bekannt machte" ([19] Vol. 1, Seite 165, eigene Übersetzung aus dem Englischen).

Vergleiche auch »Rigveda« 9.108.3 f.:

> „Denn wahrlich, Pavamāna" [*gemeint ist: Soma*], „du hast, herrlichst, alle Generationen der Götter zur Unsterblichkeit berufen, durch den" [*gemeint ist: durch Pavamāna, d.h. Soma*] „Dadhyac Navagva" [*das heißt hier wohl: der alte Vorfahre*] „befestigte Türen öffnet" [*gemeint ist nach Vers 6: einer*

Gebirgshöhle; vergleiche das Zitat aus »Der Seherin Gedicht« 18 hier Seite 104] *und unten,* „durch den die Weisen ihren Wunsch erfüllten, durch den sie in der Glückseligkeit von Göttern den Ruhm von schönem Amrita *<Nektar>* gewannen" ([**19**] Vol. 2, Seite 404, eigene Übersetzung aus dem Englischen, in spitzen Klammern Einfügung hinzugefügt).

Nach »Krishna (Schwarzem) Yajur Veda« 6.5.9 scheint Soma allerdings erst als Folge des Kampfes von Indra (damals noch Horus) mit Vrtra (Seth) entstanden und aus einer „hölzernen Wanne" {einem mit Bäumen bewachsenen Einschlagkrater?} hervorgegangen zu sein ([**17**], Seite 642). »Satapatha Brahmana« 14.1.1.25 deutet die „Süße des Soma" in »Rigveda« 1.116.12 jedoch auf die mündliche Lehre ([**33**], Seite 445), was auch »Krishna (Schwarzes) Yajurveda« 1.7.7.d andeutet:

„In den Wassern ist Amrita, in den Wassern ist Medizin durch die Führung der Wasser" ([**17**], Seite 152, eigene Übersetzung aus dem Englischen).

Das bezieht sich aber schon auf »Rigveda« 4.58.1 (ebenso »Yajurveda Samhita« 17, 89 (939), [**8**], Seite 255), das auf das Quirlen des Milchozeans verweist:

„Aus dem Ozean entsprang die Welle der Süßigkeit; zusammen mit dem Stiel wurde es zu Amrita *<Nektar>*, was der geheimnisvolle Name heiligen Öls ist, aber die Sprache der Götter ist wahrhaftig die Mitte des Amrita" ([**19**] Vol. 1, Seite 493, eigene Übersetzung aus dem Englischen).

Darauf bezieht sich auch »Yajurveda Samhita« 17, 92 (942) a:

„Dieses Öl, in dreifacher Gestalt, entdeckten die Götter, niedergelegt im Inneren der Kuh, versteckt von Panis" ([**8**], Seite 256, eigene Übersetzung aus dem Englischen).

Ich deute die „dreifache Gestalt" auf die drei ersten Veden (vergleiche hier Seite 23 und 123), die „Panis" nach »Yajurveda Samhita« 35, 1 auf den iranischen Zweig der vedischen Kultur ([**8**], Seite 464) und die Kuh auf die Erde (vergleiche das Zitat aus »Rigveda« 9.108.3 f. hier Seite 124).

»Varaha Purana« 35, 6 setzt Soma allerdings (übereinstimmend mit »Skanda Purana« VII.i.18.14 – 15, [**44**], Seite 110) mit dem Mond gleich. Danach ging es beim Quirlen des Milchozeans darum, durch das Wiedererscheinen des Mondes

(Somas, Amritas) die vertrocknenden Pflanzen (die Sauerstoffproduzenten!) zu retten ([**202**], Seite 109).

»Harivamsa Purana« 3.53.30 gibt nun an, dass Yama (Yima) unmittelbar an diesem Krieg beteiligt war ([**48**] Vol. 3, Seite 1166), daher muss Shrikant G. Talageri Unrecht haben, wenn er schreibt:

„Der iranische Yima ist klar das Original des rigvedischen Yama"
([**165**], Seite 34, eigene Übersetzung aus dem Englischen)

In den iranischen Texten beziehen sich alle Angaben zu Yima rückblickend auf die Zeit vor der Eiszeit (vergleiche hier Seite 88 f.). Die vedischen Schriften reichen aber in die Zeit davor zurück, sind also die älteren, wie auch K.C. und S. Aryan das »Zend-Avesta« „ein jüngeres Werk" nennen ([**66**], Seite 103).

Die Niederlage der olympischen Götter wurde von Vishnu als Vamana (Zwerg) abgewendet (vergleiche hier Seite 65). Dabei ließ er Bali (im »Srimad Bhagavatam« 8 „Vali" genannt) durch zwei der insgesamt drei Schritte durch das Universum, die schon in »Rigveda« 1.22.17 erwähnt werden ([**19**] Vol. 1, Seite 28), keinen Platz mehr zum Herrschen. Das bedeutet die Auf- und Ab-Bewegung des Orion, daher war der zweite Schritt etwa 10.500 v.Chr. beendet (vergleiche hier Seite 110). »Theogonie« 716 – 719 zufolge wurde Kronos (vedisch: Bali oder Vali) von Zeus (vedisch: Indra) nach der Niederlage der Titanen in den Tartarus (vedisch: Patala) verstoßen ([**3**], Seite 105). Auch »Srimad Bhagavatam« 8.14.15 zeigt Vali (Bali, griechisch: Kronos) als Herrscher der Unterwelt Patala ([**26**] Vol. 1, Seite 744). Agharti scheint also auch mit dem Tartarus (in der »Edda«: „Niflheim") identisch zu sein, der sich ja nach Hesiods »Theogonie« 154 – 159 und 720 – 819 in einer Höhle befand ([**3**], Seite 55 f.; 105 - 113). Er ist auch mit dem „Haus der Wehklagen" im »Altbabylonischen Atrachasis Mythos« identisch, das dem „Haus der schwer Gefährdeten" entspricht ([**67**], Seite 641), was in Bezug auf die Zuflucht von Yima Sinn macht (vergleiche hier Seite 88). Nicholas Roerich (1874 – 1947) bezieht sich jedenfalls auf diese Spaltung der vedischen Kultur:

„Du wirst im Tourfan Distrikt" [*in China, P.N.*] „wundervoll ausgearbeitete Erzählungen hören. Sie teilen Dir mit, wie ein heiliger Stamm von einem Tyrannen verfolgt wurde und wie die Menschen, nicht bereit, sich der

Grausamkeit zu unterwerfen, sich selbst unterirdisch in Gebirgen einschlossen. Sie fragen dich selbst, ob du den Eingang zu der Höhle sehen möchtest, durch den das heilige verfolgte Volk floh" ([1], Seite 212, eigene Übersetzung aus dem Englischen).

Auch nach Louis Pauwels (1920 – 1997) und Jacques Bergier (1912 – 1978) haben sich Manu und Yima erst in Agharti getrennt:

„Nach dieser Sage" [*gemeint ist: von Agharti, P.N.*] „... siedelten sich die führenden Persönlichkeiten jener hohen Kultur, die großen Weisen, die Söhne der Geister anderer Welten, nach der Katastrophe von Gobi in einem riesigen Höhlenbezirk unter dem Himalaya an. Innerhalb dieses Bezirks spalteten sie sich in zwei Gruppen; die eine folgte dem ‚Weg rechter Hand‘, die andere dem ‚Weg linker Hand‘. Der Mittelpunkt des ‚ersten Weges‘ soll Agarthi gewesen sein, eine unauffindbare Stadt, der Ort der Kontemplation, der Tempel des Nicht-Teilhabens an der Welt. Der ‚zweite Weg‘ führte über Shampullah" [*auch Shambhala genannt, P.N.*], „die Stadt der Macht und Gewalt, deren Kräfte über die Elemente und die Massen der Menschen geboten und sie der ‚großen Zeitwende‘ entgegenführten" ([203], Seite 376).

Die Buddhisten Tibets nennen allerdings das Land „Shambhala" (als „Quelle der Freude" ([133], Seite 14, oder „Quelle des Glücks" übersetzt, [133], Seite 79) und seine Hauptstadt: Kapala (z.B. [133], Seite 204). Es besteht auch ein Spannungsverhältnis zwischen Nicholas Roehrich, der Shambhala als positiv ansieht, und der obigen Aussage, die es negativ bewertet. Leider geben Louis Pauwels and Jacques Bergier ihre Quelle nicht an. Jedoch könnte bei ihnen unter dem „Rigden-Jyepo", dem „König der Welt", von Ferdinand Ossendowski (1876 – 1945) „Brahytma" genannt ([169], Seite 214), der jetzige Manu Vaivasvata zu verstehen sein, was auch René Guénon (1886 – 1951) so deutete ([204], Seite 6). Dieser Manu wird in »Yajurveda Samhita« 11, 66 (496) „Herr der Lebewesen" genannt ([8], Seite 151). Die negative Bewertung Shambhalas würde dann auf die Anerkennung der neuen Götter zurückgehen, die ihm der iranische Zweig vorhält.

Der Begriff „König der Welt" könnte aber auch die Entsprechung zu „der Herr der Welt" in »Enuma Elish« VII, 116 sein, die dort den älteren Bel betrifft, der mit Kronos zu identifizieren ist ([103], Seite 111). Dann wäre darunter der herrschende

Gott zu verstehen, heute also Zeus. Dafür sprechen seine Assistenten „Mahytma“ und „Mahynga“, die an die Büttel des Zeus „Krates“ [Macht] und „Bia“ [Gewalt] erinnern, die nach Aischylos (ca. 525 – 455 v.Chr.) das Urteil an Prometheus vollstreckten. Auch Robert Ernst Dickhoffs Angabe spricht dafür, er sei der „Böse Herrscher der bösen Herrscher“, der „sich selbst ‚König der Welt‘ nannte“ ([**205**], Seite 36). Siehe auch die „drei Erhabenen“ (Weltherrscher) bei Liä Dsi (ca. 400 v.Chr.) in: »Das wahre Buch vom quellenden Urgrund« IV, 3 und VII, 14:

Tiän Huang („Himmelsherr”)	[= Uranus]
Di Huang („Erdherr” oder: „Gelber Kaiser“)	[= Kronos]
Jen Huang („Menschenherr”)	[= Zeus]

([**104**], Seite 88 und 201, Endnote 3 zu Buch IV; Seite 151; vergleiche Tabelle 3 hier Seite 28).

„Di Huang“ („Erdherr“) ist zwar die genaue Übersetzung des babylonischen „En-Ki“, jedoch ist es nicht der Name von Kronos (der hieß „En-Lil“), sondern von Okeanos (vedisch: Varuna), der vor Kronos herrschte (vergleiche hier Seite 30). Di Huang heißt aber auch „Gelber Kaiser“ ([**206**]), was sich auf Kronos bezieht, vergleiche »Rigveda« 10.94.12 nach Karl Friedrich Geldner (1852 – 1929):

„Ganz unbeweglich sind eure Väter zu aller Zeit, Ruhe liebend fahren sie nicht von ihrem Platz weg. Nicht alternd, die Gefährten des Gelben …, <gleich> Gelbholz, machten sie durch ihr Getöse Himmel und Erde aufhorchen“ ([**124**] Vol. 3, Seite 297, Text von mir redigiert, bei Geldner: „des gelben <Soma>“).

Siehe die Kette in Platons (428/27 – 348/47 v.Chr.) »Timaios« 40e – 41a:

Uranos → Okeanos → Kronos → Zeus → Nachkommen der Olympier
([**10**], Seite 267).

Das entspricht in den »Puranas« der Kette:

Brahma → Jayas → Daityas → Devas → (*Vielgötterei des Hindhuismus*).

Das Datum 17.500 v.Chr. ist aber auch mit dem Ende der Eiszeit verknüpft, vor der Yima/Yama in Agharti Zuflucht suchte (vergleiche hier Seite 90 f.). Nach Galanopoulos und Bacon soll sie „vor 19.000 Jahren“ geendet haben, also 17.000 v.Chr. ([**207**], Seite 48); Herbert E. Wright Jr. rechnet dagegen mit 18.000 Jahren

([**208**], Seite 205). Im »Rigveda« 1.32.1 - 2 + 12; 4.17.1 - 2 und 4.19.7 - 8 ist ihr Ende mit dem Kampf von Indra (damals: Horus) gegen Vrtra (Seth) verknüpft ([**19**] Vol. 1, Seiten 46; 47; 440 f.; 446). Das dadurch verursachte, freie Fließen der Flüsse bezieht sich auf das Abtauen der Gletscher und nicht auf die „Öffnung der verstopften Sinnesorgane", wie Devi Chand meint ([**192**], Seite XXI).

Die Spaltung fand daher in Agharti statt und bestand schon, als Yima noch in Nordindien lebte:

> „Zu einer sehr frühen (brahmanischen) Periode waren die Nordlandbewohner als eine verdächtige Art Leute angesehen, deren religiöse Praktiken, weit davon entfernt, maßgebend zu sein, zensiert waren" ([**165**], Seite 105, eigene Übersetzung aus dem Englischen).

Das erklärt den Unterschied zwischen der Sprache der „mittleren" (südlichen) und „äußeren" (nördlichen) Länder Indiens schlüssiger (vergleiche [**66**], Seite 113) als bei S. Parabhanada (»Introduction to the Rig-Veda« in: [**37**], Seite 42 f.) die >arische Invasion<. David Frawley zufolge fand der im »Rigveda« berichtete Krieg der zehn Könige mit Sudas um die „Kontrolle der ganzen Region" in „Nordindien" statt ([**31**], Seite 37). Der iranische Zweig ist demnach nicht ausgewandet, sondern wurde als >Nicht-Arier< ([**31**], Seite 136; [**66**], Seite 114) nach »Rigveda« 7.83.7 in der „Schlacht der zehn Könige" von Sudas vertrieben:

> „Zehn Könige, die nicht *<die Götter>* anbeteten, O Indra-Varuna, gewannen, verbündet, nicht die Oberhand über Sudas. Wahr war die Prahlerei von Helden, die beim Fest saßen: so waren auf ihre Aufrufe Götter an ihrer Seite" ([**19**] Vol. 2, Seite 87, eigene Übersetzung aus dem Englischen, in spitzen Klammern Einfügung hinzugefügt)

Sudas gehörte zumindest der 37. Generation nach Manu Vaivasvata an ([**47**], Seite 316 f.; vergleiche aber hier Seite 104). Dieser Kampf ist auch in »Pañcaviṃśa-Brāhmana« 5.5.14 – 17 gemeint:

> „Ein Arier und ein Sudra kämpfen um das Versteck; von diesen beiden lassen sie [*das heißt: die Götter, P.N.*] die ... Arier-Kaste gewinnen ... Indem sie die Arier-Kaste gewinnen lassen, lassen sie auch sich selbst gewinnen. Es ist ein rundes Versteck ..." ([**63**], Seite 82, eigene Übersetzung aus dem Englischen).

Vergleiche auch »Rigveda« 7.104.15 in der Übersetzung von R.C. Dutt:

„… Doch möge er von seinen zehn Freunden" (alle anderen Übersetzungen: „Söhnen") „abgeschnitten sein, der mich fälschlich einen Yatudhana" [*Dämon*] „nannte" (zitiert nach: R.C. Dutt: »Vedic Rishis« in: [**37**], Seite 151, eigene Übersetzung aus dem Englischen).

K.C. und S. Aryan schreiben aber zu den Kämpfen der vedischen Epoche:

„Vor Jahrzehnten hat der Archäologe R.P. Chanda" (*zitiert 1970 bei R.K. Mukerji: »Hindu Civilisation«, Seite 72*) „berechtigt geltend gemacht, dass 'im Rigveda Geschichte mehr mit den Bürgerkriegen unter den Ariern oder Indra anbetenden Königen und Sippen zu tun hat, als mit den angenommenen Kriegen zwischen Ariern und Nicht-Ariern'. Die vedischen Texte sind mit Verweisen auf die gefallenen Arier gesättigt …" ([**66**], Seite 114 f., eigene Übersetzung aus dem Englischen).

Jedenfalls bemerkte auch Alfred Hillebrandt (1853 – 1927) richtig:

„Also in der Periode, die der Entstehung der Rigvedalieder nachfolgte, müssen Streitigkeiten und religionspolitische Kämpfe zwischen gewissen Iraniern und Indern stattgefunden haben, die zu einer Dämonisierung der obersten Götter führte" ([**199**], Seite 188).

Da sich die „Phallusverehrer" in »Rigveda« 7.21.5 in der Übersetzung von K.F. Geldner (1852 – 1929) auf die Verehrer des Lingam beziehen ([**124**] Teil 2, Seite 201), wie es schon H.H. Wilson (1786 – 1860) in seiner Übersetzung als möglich angibt ([**122**] Vol. 4, Seite 269), scheinen auch die Tamilen mit gegen Sudas gekämpft zu haben (vergleiche hier Seite 75). Wahrscheinlich sind zumindest Teile der in »Rigveda« 7.18.6 ([**19**] Vol. 2, Seite 19) als „hungrige Fische" bezeichneten Matsya (der Name bedeutet Fisch; vergleiche hier Seite 63) darunter zu verstehen. Das ist wohl schon in »Pañcaviṃśa-Brāhmana« 4.7.5 gemeint:

„'Lass keine unbekannten, Böse gesinnten Stämme, lass keine feindseligen <Stämme> uns niedertreten'. Die Böse gesinnten <Stämme> sind die Diebe, die Betrüger. Diese überwanden sie dabei" ([**63**], Seite 60, eigene Übersetzung aus dem Englischen, in spitzen Klammern Einfügungen hinzugefügt).

Die Vertreibung geschah demnach anders, als S. Parabhananda dachte ([37], Seite 43). Der iranische Zweig zog nach »Ynglinga Saga« 4 f. ([79], Seite 19 f.) nach Westen und Norden ([66], Seite 170; 171), was der Ursprung der Pelasger ist ([209], Seite 136 ff.). Daraus gingen dann die nordischen Völker hervor.

Der Unterschied zwischen Nord- und Südindien war also nicht der zwischen >Ariern< und Draviden (Tamilen), wie Sri Aurobindo (1872 – 1950) dachte (in: [66], Seite 112), die sich nach M.S. Purnalingam Pillai ethnisch gar nicht unterscheiden ([50], Seite 16, vergleiche [66], Seite 118). Vielmehr war es der zwischen dem iranischen und indischen Zweig der vedischen Religion. Daher war Manu Vaivasvata nach »Srimad Bhagavatam« 8.24.13 „König der Draviden" ([26] Band I, Seite 775; vergleiche hier Seite 63). Nach »Mahabharata« 5.22.22 lebten die Draviden noch zur Zeit des Krieges von Kurukshetra in Nordindien ([14] Vol. 3, Seite 50). Vielleicht standen sie aber auf der Seite des iranischen Zweiges der vedischen Religion, der von Sudas besiegt wurde, zumindest sagt David Frawley, dass die Besiegten nur teilweise aus Indien vertrieben wurden ([31], Seite 142).

All dies widerspricht aber der Behauptung, die >Arier< hätten Indien erobert und die einheimischen Draviden unterworfen ([210], Seite IX; [66], Seite 25 ff.). Manu Vaivasvata und Yama (vergleiche hier Seite 84) wären dann jedoch zunächst nur **eine** Gruppe, und neben den Tamilen (vergleiche hier Seite 84) wären die Hopis die dritte Gruppe Flut-Überlebender gewesen ([211]; vergleiche hier Seite 89 f.).

Agharti in den Prophezeiungen

Die Prophezeiung zukünftiger Ereignisse im Zusammenhang mit Agharti beruht auf der indischen Lehre der Zeitalter, „Yugas" genannt (vergleiche Tabelle 2 hier Seite 19). Die damit verknüpften Angaben über die Dauer der Zeitalter sind aber falsch (vergleiche hier Seite 41). Sie beruhen jedoch auf dem früheren Präzessionszyklus von 43.200 Jahren (vergleiche hier Seite 33), daher irrt Stephen Knapp ([**23**], Seite 55) in dieser Beziehung ebenso wie das »Encyclopedic Dictionary of Puranas«:

> „Das »Mahabharata« sagt im »Vana Parva«" (*dem 3. Buch, P.N.*), „dass sich das Kaliyuga über einen Zeitraum von 432.000 Jahren erstreckt. Es sind jetzt erst wenig mehr als 5000 Jahre, seit es begann. Noch müssen mehr als 426.900 Jahre bis zum Ende des Kaliyuga vergehen. Daher müssen noch hunderttausende von Jahren bis zur Inkarnation von Kalki vergehen" ([**212**] Vol. 3, Seite 729, eigene Übersetzung aus dem Englischen).

Tatsächlich gibt Ferdinand Ossendowski in seinem Buch »Beasts Men and Gods« [deutsch: »Tiere, Menschen und Götter«] eine Prophezeiung des Königs der Welt wieder, die die Ereignisse der Endzeit in eine viel nähere Zukunft verlegen ([**169**], Seite 221 f.). Diese Weissagung (die mit dem ganzen letzten Teil über Agharti in der 1955 im Paul List Verlag Münschen erschienenen deutschen Übersetzung fehlt) soll eigentlich nur die auf sie folgenden fünfzig Jahre umfassen ([**169**], Seite 129 und 221). Ihr Ende weist jedoch über diesen Zeitraum hinaus:

> „Im fünfzigsten Jahr werden nur drei große Königreiche erscheinen, welche einundsiebzig Jahre glücklich existieren werden. Danach werden achtzehn Jahre Krieg und Zerstörung herrschen. Dann werden die Völker von Agharti aus ihren unterirdischen Höhlen an die Oberfläche der Erde kommen" ([**169**], Seite 222, eigene Ünbersetzung aus dem Englischen).

Diese Weissagung wurde, der Überschrift nach, 1890 gegeben. Fünfzig Jahre hinzugezählt führen in das Jahr 1940. Bei den drei Reichen handelt es sich um Amerika, Großbritannien und die Sowjetunion. Gegen die Angabe der einundsiebzig Jahre friedlicher Existenz könnte man einwenden, dass die Sowjetunion nicht so lange existierte, aber Russland ist nicht nur ihr Nachfolger, sondern immer noch eine der stärksten Kontinentalmächte. Diese einundsiebzig Jahre, zu der Jahreszahl 1940 addiert, führen in das Jahr 2011, das Jahr, in dem der angeblich von Islamisten verübte Terroranschlag auf das World Trade Center in New York stattfand (die Schuld der Islamisten wurde nie von einem Gericht festgestellt, also gelten sie als unschuldig!). Und seitdem finden tatsächlich unaufhörlich Kriege statt, um die Neue Weltordnung der US-Amerikaner (auch „4. Reich" genannt) durchzusetzen. Der Weissagung nach soll dies achtzehn Jahre andauern, was in das Jahr 2029 führen würde, wenn es zuträfe. Dann sollen die Völker von Agharti an die Erdoberfläche kommen. Darauf bezieht sich aber offensichtlich auch die unmittelbar davor stehende Aussage:

„Dann werde ich" [*der König der Welt, P.N.*] „ein Volk senden, das jetzt <*noch*> unbekannt ist, welches das Unkraut des Wahnsinns und Lasters mit einer starken Hand ausreißen und jene leiten wird, die noch dem Geist des Menschen in seinem Kampf gegen das Böse treu geblieben sind. Sie werden ein neues Leben auf der Erde gründen, die durch den Tod von Nationen gereinigt wurde" ([**169**], Seite 222, eigene Übersetzung aus dem Englischen, in spitzen Klammern Einfügung hinzugefügt).

Die Zuordnung dieser Aussage zu dem Erscheinen der Völker von Agharti an der Erdoberfläche besagt aber, dass sich auch die unmittelbar davor stehenden Aussagen nicht nur auf die fünfzig Jahre beziehen, die sie angeblich umfassen sollen. Diese lauten (soweit sie von Ferdinand Ossendowski wiedergegeben wurden), wobei ich die möglichen Deutungen hinzugefügt habe:

„Mehr und mehr werden die Menschen ihre Seelen vergessen"

(gemeint ist: ihren Geist; dieser Fehler findet sich überall in der Literatur und geht auf die katholische Irrlehre zurück, die das Hauptgewicht auf die Seele legt, obwohl sich das ganze Neue Testament nur an den Geist des wiedergeborenen Menschen richtet, P.N.)

„und sich um ihren Körper kümmern. Die größte Sünde und Korruption wird auf der Erde herrschen. Menschen werden wie wilde Tiere werden, nach dem Blut und Leben ihrer Brüder dürstend" (*»Micha« 7, 2; P.N.*). „Die ‚Sichel' {*oder: der Halbmond, P.N.*} wird schwach wachsen" (*gemeint ist wohl der Kommunismus, P.N.*) und ihre Anhänger werden zu Bettelei und endlosem

Krieg herabsinken." {*Der Bürgerkrieg nach der Revolution? P.N.*} „Seine Eroberer" {*es scheinen die deutschen Besetzer der Sowjetunion gemeint zu sein, P.N.*} „werden von der Sonne leiden" {*Der Afrikafeldzug? P.N.*}, „werden aber keine Fortschritte nach oben" {*nach Norden? P.N.*} „machen und zweimal von den schwersten Mißgeschicken heimgesucht werden" {*Afrika und Sowjetunion? P.N.*}, „die vor den Augen der anderen Völker in Beschimpfung enden werden." {*die Niederlage im Krieg? P.N.*} „Die Kronen von großen und kleinen Königen werden fallen … eins, zwei, drei, vier, fünf, sechs, sieben, acht." {*Die von der Sowjetunion besetzten Staaten? P.N.*} … Es wird einen schrecklichen Kampf unter allen Völkern geben." {*der 2. oder ein neuer Weltkrieg? P.N.*} „Die Meere werden rot werden" {*»Offenbarung« 8, 8; 11, 6; 16, 3? P.N.*} „… die Erde und der Boden der Meere werden mit Knochen übersät sein" (*Seekrieg, P.N.*) „… Königreiche werden vereinzelt sein" (*die Monarchie wird eine Ausnahmeerscheinung sein, P.N.*) „… ganze Völker werden sterben" (*z.B. Völkermord der Türken an den Armeniern, P.N.*) … Hunger, Krankheit, dem Gesetz unbekannte Verbrechen, niemals zuvor in der Welt gesehen." {*Völkermord an den Juden? P.N.*} „Die Feinde Gottes und des heiligen Geistes im Menschen werden kommen." {*Die siegreiche Sowjetunion? P.N.*} „Die, welche die Hand eines anderen nehmen, sollen ebenfalls umkommen." {*Diejenigen, die sich Verfolgter annehmen? P.N.*} „Die Vergessenen und Verfolgten sollen aufsteigen und die Aufmerksamkeit der ganzen Welt besitzen." {*Die Gründung Israels? P.N.*} „Es wird Nebel und Stürme geben. Kahle Berge sollen plötzlich mit Wäldern bedeckt sein. Erdbeben werden kommen" {*»Offenbarung« 6, 12; 11, 13? P.N.*}. „… Millionen werden die Ketten der Sklaverei und Demütigung gegen Hunger, Krankheit und Tod tauschen" {*Befreiungskampf der Völker der 3. Welt? P.N.*} „Die alten Straßen werden mit Menschenmassen bedeckt sein, die von einem Ort zum anderen wandern." (*Flüchtlingselend, P.N.*) „Die größten und schönsten Städte sollen in Feuer untergehen … eins, zwei, drei" {*Bombenkrieg im 2. Weltkrieg oder Prophezeiung? P.N.*}." (*Ab hier dann zweifelsfrei die Prophezeiung auch für uns künftiger Ereignisse, P.N.*) „… Der Vater soll sich gegen den Sohn erheben, Bruder gegen Bruder und Mutter gegen Tochter" (*»Micha« 7, 6; »Matthäus« 10, 36 f. in der »Bibel«; »Der Seherin Gedicht« 37 in der »Edda«, P.N.*). „… Laster, Verbrechen und Zerstörung des Körpers und der Seele" (*siehe oben,*

P.N.) „sollen folgen. Familien sollen zerstreut werden. ... Wahrheit und Liebe sollen verschwinden. ... Von zehntausend Menschen soll <*nur*> einer übrig bleiben; er soll nackt und verrückt sein und ohne die Kraft und das Wissen, sich ein Haus zu bauen und seine Nahrung zu finden. ... Er wird wie ein wütender Wolf heulen" {*der Fenrirwolf in »Der Seherin Gedicht«? P.N.*), „tote Körper verschlingen, in sein eigenes Fleisch beißen und Gott zum Kampf herausfordern" (*vergleiche »Offenbarung« 13, 6 f., P.N.*). „... Die ganze Erde soll geleert werden. Gott wird sich von ihr abwenden und über ihr wird nur Nacht und Tod sein" (*vergleiche »Offenbarung« 6, 12; 16, 10; 6, 8; P.N.*) ([**169**] Seite 221 f., eigene Übersetzung aus dem Englischen).

Auf das Erscheinen von Agharti beziehen sich aber noch andere Weissagungen. Am Ende des vierten Zeitalters soll, »Srimad Bhagavatam« 12.2.19 zufolge, die letzte Inkarnation Vishnus, namens „Kalki", als Sohn des Brahmanen Vishnuyasa in Shambhala zur Welt kommen ([**26**] Vol. 2, Seite 494). Weiter heißt es dort:

„Der Herr des Universums ... wird auf einem schnellen Pferd reiten, das ihm von den Himmlischen gegeben wurde. Er wird mit der Hilfe seines Schwertes die Personen unterwerfen, die als unredlich angesehen werden" ([**26**] Vol. 2, Seite 494, eigene Übersetzung aus dem Englischen).

Das erinnert an die Darstellung der Wiederkunft Christi in »Offenbarung« 19, 11 – 21 in der »Bibel« (siehe das Zitat hier Seite 139). Edwin Bernbaum fasst aber zu dem Erscheinen der Kalki-Inkarnation zusammen:

„Wenn die Lage schließlich" [*durch die Zunahme von Materialismus und Entartung im Kaliyuga, P.N.*] „unerträglich geworden ist, wird Vishnu ... als Kalki in einem Dorf namens Shambhala wiedergeboren werden. Nachdem er damit das Ende des Zeitalters der Zwietracht eingeleitet hat, sammelt er ein großes Heer um sich, an dessen Spitze er sich stellt. Diesem Heer reitet er auf einem herrlichen Ross voran, ein loderndes Schwert in der Hand, um die Barbaren zu vernichten ..." ([**133**], Seite 88).

Die Darstellung der »Puranas« wird von den tibetischen Buddhisten gestützt, bei denen Kalki zwar den Namen Rudra Cakrin trägt, dem aber „zumindest eine Handschrift des »Kalacakra«-Haupttextes den Beinamen Kalki" gibt ([**133**], Seite 89). Sein Name, „der Zornige mit dem Rad" ([**133**], Seite 246) bzw. „der Rasende mit dem Rad" ([**133**], Seite 250) soll einem tibetischen Kommentar zufolge von einem am Beginn seiner Herrschaft aus dem Himmel fallenden Eisenrad kommen ([**133**], Seite 250). Das erinnert doch stark an die Weissagung der nordamerikanischen Hopi-Indianer über den „Blauen Stern":

> „Und dies ist das neunte und letzte Zeichen:
> Ihr werdet von einer Wohnstätte im Himmel, über der Erde, hören {*ISS? P.N.*}, die mit einem großen Krach fallen wird. Sie wird als ein blauer Stern erscheinen. Sehr kurz danach werden die Zeremonien meines Volkes [*der Hopies, P.N.*] aufhören" ([**213**], eigene Übersetzung aus dem Englischen).

Das scheint aber in »Offenbarung« 8, 10 in der »Bibel« eine Parallele zu haben:

> „Und der dritte Engel posaunte, und es fiel vom Himmel ein großer Stern, brennend wie eine Fackel; und er fiel auf den dritten Teil der Ströme und auf die Wasserquellen" ([**6**], Seite 906).

In »Offenbarung« 9, 1 ff. wird der Zusammenhang dieses Sternes mit dem Krieg der Endzeit deutlich, der ja auch in den »Puranas« und den buddhistischen Weissagungen eine Rolle spielt. Der General von Kalki heißt bei den Buddhisten Hanumanda ([**133**], Seite 89), bei den Hindhus aber Hanuman, der nach Valmikis »Ramayana« 7, 50 und 121 einer der sieben „Chiranjivi" (Unsterblichen) der Hindhus ist ([**111**] Vol. 4, Seite 1712 und 1928). Auf das Auftreten von Rudra Cakrin bzw. Kalki bezieht sich auch Nicholas Roerich, wenn er schreibt:

> „Sie" [*gemeint ist: die Tibeter, P.N.*] „zitieren die Prophezeiung, dass aus Shambhala ein neuer Herrscher mit unzähligen Kriegern kommen wird, um zu siegen und in der Festung von Lhasa Rechtschaffenheit einzurichten" ([**1**], Seite 61, eigene Übersetzung aus dem Englischen).

Edwin Bernbaum zufolge geschieht dies, nachdem zunächst zwei mächtige Gruppen die Erde unter sich aufgeteilt hatten und dann am Ende des Konflikts dieser beiden „ein ruchloser König als Sieger und Herr der Welt erscheinen" wird ([**133**], Seite 250). Die Tibeter deuteten dies zwar auf den 3. Weltkrieg (die amerikanische Originalausgabe des Buches erschien 1980!), jedoch bezieht es sich aus heutiger Sicht viel eher auf das Ende des kalten Krieges und die darauf folgende Weltherrschaft der allein übrig gebliebenen Supermacht USA.

Der Sanskrit-Begriff „Mlecchas", in den »Puranas« und den »Kalacakra«-Schriften der Buddhisten, mit „Barbaren" übersetzt und in der »Slokavarttika« 2, 247 f. als gewissenlose Menschen beschrieben ([197], Seite 59), bedeutet Edwin Bernbaum zufolge eine ungeistliche (geistlose), allein am Materiellen orientierte Denkweise ([133], Seite 248). Das scheint sich auf Menschen zu beziehen, die hauptsächlich von ihrem Reptiliengehirn (Hirnstamm) geleitet werden (sogenannte „Reptiloide"):

„Er" [*das heißt: dieser Menschentyp, P.N.*] „ist ein ausschließlich materiell orientierter Mensch, ein Egoist. Er ist sich selbst der Nächste, eine typische Reaktion des Reptiliengehirns. Diese Hirntypen schaffen sich eine Welt, in der nur noch Materialismus und Egoismus zählen, hier ist auch kein Platz für Toleranz. Man identifiziert sich nur noch über Geld, Besitz, momentanen Erfolg und Beruf" ([214]).

Entgegen ihren Mythen beschreibt dies die US-amerikanische Lebensart Alexis de Tocqueville (1805 – 1859) im 9. Kapitel des zweiten Teils des ersten Bandes von »Über die Demokratie in Amerika« von 1835 zufolge, treffend:

„Die Gier, mit welcher sich der Amerikaner auf diese unermessliche Beute" [*das heißt: den amerikanischen Kontinent, P.N.*] „wirft, die das Glück ihm reicht, lässt sich schwer beschreiben ... Die Begierde nach Wohlstand ist bei ihnen eine ruhelose und brennende Leidenschaft geworden, die sich mit der Befriedigung steigert" ([215] Band 1, Seite 425, Text von mir redigiert).

Da es sich um ein Einwanderungsland handelt, ist dies allerdings nicht verwunderlich, denn die Einwanderer haben zu ihrem eroberten Land eine andere Beziehung, als die seit zig Generationen ansässigen Mitglieder einer Nation in Europa. Daher auch die Heuchelei und Mythenbildung der Einwanderer, vergleiche Capt. Nathaniel Morton (1613 – 1685): »New England's Memorial« von 1669, Band II, Seite 440, teilweise ebenfalls bei Alexis de Tocqueville zitiert im zweiten Kapitel des ersten Teils des ersten Bandes von »Über die Demokratie in Amerika«:

„<*...aber sie wussten, dass sie hienieden Pilger und Fremde waren und*> sie hingen nicht den irdischen Gütern" (*eigentlich: „diesen Dingen", P.N.*) an, sondern sie hoben ihre Augen zum Himmel, ihrer geliebten Heimat, empor, wo Gott ihnen die heilige Wohnung" (*eigentlich: „eine Stadt", P.N.*) „bereitet hatte

<Heb. 11, 16, und darin verstummte ihr Geist>" ([**215**] Band 1, Seite 54, Text von mir redigiert und in spitzen Klammern ergänzt nach: [**216**], Seite 14).

Wenn dies wahr wäre, hätten die Siedler die Lebensweise der Indianer annehmen müssen, anstatt an ihnen Völkermord zu begehen, um sich ihr Land zu rauben.

Das »Srimad Bhagavatam« 1.3.25 sagt nun über die Könige der Zeit von Kalki, sie würden sich „wie Strauchdiebe" {oder: „Wegelagerer"} verhalten ([**26**] Vol. 1, Seite 10) und nennt sie in 12.2.20 „Räuber in der Verkleidung von Königen", die „über die ganze Welt" verteilt sind ([**26**] Vol. 2, Seite 494). Das letztere trifft auf die NATO zu, denn Nordamerika und Europa befinden sich auf entgegengesetzten Seiten der Erdkugel und angesichts des Überfalls auf den Irak zum Raub seiner Öl-Ressourcen scheint das erstere eine durchaus zutreffende Bezeichnung zu sein. In »The Superhuman Life of Gesar of Ling« werden die „Barbaren" kurz und treffend „Feinde der Religion und der Welt" genannt und gesagt, dass ihre Macht „von Tag zu Tag wachse" ([**110**], Seite 56), was in unserer Zeit auf die NATO zutrifft.

Nachdem der König der Barbaren jedenfalls die Weltherrschaft errungen hat, wird er von der Existenz Shambhalas erfahren und es nach dem übereinstimmenden Zeugnis angreifen ([**133**], Seite 250; 251). Unklarheit herrscht darüber, ob die Barbaren in Shambhala eindringen können ([**133**], Seite 251), jedoch scheint »Offenbarung« 13, 7 dafür zu sprechen (siehe das Zitat hier Seite 143). Schließlich wird es zu einer letzten Schlacht kommen, die durch die Truppen Shambhalas „das Ende der Barbaren und ihrer materialistischen Lehren" bringen wird ([**133**], Seite 253). Durch ihren Sieg wird ein neues goldenes Zeitalter (Kritayuga) beginnen ([**133**], Seite 253), über dessen Dauer die Ansichten wieder auseinander gehen ([**133**], Seite 254). Nach »Offenbarung« 20, 2 wird es tausend Jahre dauern.

Die Prophezeiungen in der »Bibel«

Die Darstellung der Inkarnation von Vishnu als Kalki in »Srimad Bhagavatam« 12.2.20 (vergleiche das Zitat hier Seite 135) lässt nun aber stark an die Darstellung der Wiederkehr Christi in »Offenbarung« 19, 11 – 21 in der »Bibel« denken:

> „Und ich sah den Himmel geöffnet, und siehe, ein weißes Pferd, und der darauf saß, genannt Treu und Wahrhaftig, und er richtet und führt Krieg in Gerechtigkeit. Seine Augen aber sind eine Feuerflamme, und auf seinem Haupte <sind> viele Diademe, und er trägt einen Namen geschrieben, den niemand kennt, als nur er selbst; und er ist bekleidet mit einem in Blut getauchten Gewande, und sein Name heißt: Das Wort Gottes. Und die Kriegsheere, die im Himmel sind, folgten ihm auf weißen Pferden, angetan mit weißer, reiner Leinwand. Und aus seinem Munde geht hervor ein scharfes, zweischneidiges Schwert, auf dass er damit die Nationen schlage … Und ich sah das Tier und die Könige der Erde und ihre Heere versammelt, Krieg zu führen mit dem, der auf dem Pferde saß und mit seinem Heere. …“ ([**6**], Seite 912).

Diese Stelle sagt auch einiges über die Struktur der »Offenbarung« aus, denn das „weiße Pferd“ wird schon bei dem ersten Siegel in »Offenbarung« 6, 2 erwähnt. Offensichtlich ist die Darstellung der »Offenbarung« also nicht chronologisch, sondern parallel zu verstehen. Das „in Blut getauchte Gewand“ von »Offenbarung« 19, 13 bezieht sich natürlich auf »Offenbarung« 14, 18 – 20, was wiederum auf »Jesaja« 63, 1 – 6 zurück verweist (vergleiche auch »Psalm« 58, 10 und 68, 23), worauf sich auch „die Kelter des Zornes Gottes“ in »Offenbarung« 14, 19 f. und 19, 15 bezieht. Auch darin zeigt sich der Parallelismus der in der »Offenbarung« beschriebenen Ereignisse. Eines ist jedoch merkwürdig: Der Ablauf der Ereignisse zeigt, dass entweder das Weib von »Offenbarung« 12, 1 nicht mit der Braut von »Offenbarung« 19, 7 identisch ist, oder ihr Kind wird unehelich geboren.

Von besonderem Interesse ist die Aussage, der Reiter trage einen Namen, den niemand außer ihm selbst kenne. Aus »Offenbarung« 3, 12 ergibt sich, dass es sich dabei um Jesus handelt, denn dort spricht er selbst von seinem neuen Namen. Jedoch bezieht sich diese Stelle selbst wiederum auf »Offenbarung« 2, 17, wo die Vergabe dieses neuen Namens unter gewissen Bedingungen berichtet wird. Daraus folgt aber zwangsläufig, dass sich die Sendschreiben der »Offenbarung« gar nicht an die sieben Gemeinden richten, wie es äußerlich den Anschein hat, sondern an die Person des wiederkehrenden Jesus, der aus ihnen eine prophetische Unterweisung erhält. Das ergibt sich auch aus dem Vergleich des Schwertes aus seinem Munde in »Offenbarung« 19, 15 (vergleiche auch »Jesaja« 30, 27) mit »Offenbarung« 2, 16. Seine Geburt (die den Hindhus und Buddhisten zufolge in Shambhala stattfinden soll) wird aber in »Offenbarung« 12, 5 berichtet, wie der Vergleich der „eisernen Rute" dort mit »Offenbarung« 19, 15 zeigt.

Aus all dem folgt zunächst die Identität der Personen Kalki, Rudra Cakrin und des kommenden Jesus, sodann aber auch, dass die mit diesen Weissagungen verbundenen lokalen Deutungen insbesondere US-amerikanischer Ausleger Unsinn sind. Ganz offensichtlich findet das Geschehen nicht in Israel statt, wie so häufig gedeutet wird, sondern in Asien. Dass der wiederkehrende Jesus als Kind nach »Offenbarung« 12, 5 „zu Gott und zu seinem Thron" entrückt wird, könnte sich jedenfalls nach »Mahabharata« 3.85.20 auf den Berg „Sri" beziehen, der nach 3.85.19 offenbar mit dem Kailasa identisch ist ([14] Vol. 2, Seite 263) und nach 3.85.69 ff. im Gebiet „Prayaga" zwischen Ganges und Yamuna liegt ([14] Vol. 2, Seite 267). Daraus ergibt sich jedoch auch eine mögliche Deutung der Wüste, in der seine Mutter nach »Offenbarung« 12, 6 (vergleiche 12, 13 – 16) „1260 Tage ernährt" wird.

Möglicherweise ist die Ursache für die falschen Deutungen darin zu sehen, dass die US-amerikanischen Ausleger die Bestie von »Daniel« 7, 7 und »Offenbarung« 13, 1 – 10 nicht auf das >Griechenland< der Endzeit, die USA (wie Griechenland sind sie „das Mutterland der Demokratie"), beziehen! Die vier Tiere von »Daniel« 7, 1 – 7 stehen jedoch für Babylonien, Medien, Persien und Griechenland (**nicht:** Babylonien, Persien, Griechenland und Rom!). Bezogen auf unsere Zeit heißt das aber (es gibt noch mindestens zwei andere, zutreffende Deutungen dieser Prophezeiung, die sich auf die Zeitalter und die antiken Reiche beziehen, auf die ich hier aber nicht eingehe, weil sie nicht zum Thema gehören):

<table>
<tr><td colspan="4" align="center">Die vier Weltreiche der Endzeit nach »Daniel« 7, 1 - 7</td></tr>
<tr><td align="center">»Daniel« 7, 4</td><td align="center">»Daniel« 7, 5</td><td align="center">»Daniel« 7, 6</td><td align="center">»Daniel« 7, 7</td></tr>
<tr><td align="center">Löwe mit Adlerflügeln</td><td align="center">Bär</td><td align="center">Pardel {oder: Panther}</td><td align="center">Bestie</td></tr>
<tr><td align="center">Babylonien</td><td align="center">Medien</td><td align="center">Persien</td><td align="center">Griechenland</td></tr>
<tr><td align="center">britischer Löwe</td><td align="center">russischer Bär</td><td align="center">Stalin</td><td align="center">Eigenschaften der vorherigen Tiere</td></tr>
<tr><td align="center">britisches Weltreich</td><td align="center">zaristisches Russland</td><td align="center">stalinistisches Russland</td><td align="center">USA</td></tr>
</table>

Tabelle 12: Bedeutung der vier Weltreiche der Endzeit nach »Daniel« 7

Daraus ergibt sich die Lösung eines der großen Rätsel der »Offenbarung«: Die Identität der Hure Babylon aus »Offenbarung« 17, 3 – 6 und 18, 1 – 24 die so oft auf Rom gedeutet wird, von der aber in »Offenbarung« 18, 3 (nur teilweise auf Rom passend) gesagt wird:

> „Denn von dem Weine der Wut ihrer Hurerei haben alle Nationen getrunken, und die Könige der Erde haben Hurerei mit ihr getrieben und die Kaufleute der Erde sind durch die Macht ihrer Üppigkeit reich geworden" ([6], Seite 911).

Da sich „Babylon" meiner Deutung nach in der Endzeit auf das britische Weltreich bezieht, ist damit offensichtlich das kapitalistische Wirtschaftssystem gemeint (nicht ohne Grund auch „Babylon System" genannt), denn Großbritannien ist das Mutterland der industriellen Revolution. Ebenso aber auch der Rentier-Staaten, das sind Staaten, die nur von Börsengewinnen leben, ohne eine Produktion zu betreiben. Die „Hurerei" der „Könige der Erde" von »Offenbarung« 18, 3 und 9 bezieht sich entweder auf die Freimaurer, die ebenfalls ihren Ursprung in Großbritannien haben, oder auf diese Rentier-Staaten. Zumindest passt diese Deutung wesentlich besser als die auf Rom, die viel zu viele Fragen offen lässt: inwiefern sollten denn „**alle** Nationen" von dem „Wein der Wut ihrer Hurerei" (nach meiner Deutung der imperialistischen Politik Englands) getrunken haben? Und inwiefern sollten „die Kaufleute der Erde" durch sie „reich geworden" sein?

Die Einzelheiten des vierten Reiches nach »Daniel« 7, 7 finden sich dann in »Offenbarung« 13, 2:

„Und das Tier, das ich sah, war gleich einem Pardel {oder: Panther}, und seine Füße wie eines Bären, und sein Maul wie eines Löwen Maul" ([6], Seite 908).

Dieses Reich besitzt also Eigenschaften seiner drei Vorgänger, deren Bedeutungen sind:

1. bei dem Pardel {oder: Panther}, dass es sich um eine getarnte Militärdiktatur handelt, wie beim stalinistischen Russland (in beiden Fällen ist das Staatsoberhaupt Oberbefehlshaber der Armee!),
2. die Bärenfüße bedeuten sein Fortschreiten, was sich am wahrscheinlichsten auf die zunehmend verschlechternden Zustände im Inneren bezieht (Arbeits- und Obdachlose!), was den Zuständen im zaristischen Russland entspricht,
3. das Löwenmaul bezieht sich aber auf jeden Fall auf die Sprache, die mit der des endzeitlichen Babyloniens, des britischen Weltreiches, identisch ist: Englisch.

Wichtig ist noch die Beschreibung des Tieres, auf dem die Hure sitzt, in »Offenbarung« 17, 3 und 7 f. mit sieben Köpfen und zehn Hörnern. Die sieben Köpfe bedeuten nach »Offenbarung« 17, 9 f. „sieben Berge", die häufig auf die sieben Hügel Roms gedeutet werden (siehe oben zur Hure Babylon), dem Zusammenhang nach aber sieben Staaten bedeuten. Das »Mahabharata« 3.188.35 f. kennt auch sieben Völker (Andhras, Shakas, Pulandas, die Yavana Könige, Kambojas, Balhikas und Abhiras), die „am Ende des Kaliyuga" „die Oberherrschaft über die Erde" ausüben ([14] Vol. 2, Seite 537). Die „Yavana Könige" stehen dabei für die Könige Griechenlands, und der auffällige Unterschied ihrer Bezeichnung gegenüber der der anderen und ihre Stellung in der Mitte scheint darauf hinzuweisen, dass sie die Führung innerhalb dieser Gruppe inne haben! Daher liegt es nahe, in diesen Darstellungen jeweils einen Hinweis auf die sogenannten „G7-Staaten" (Vereinigtes Königreich, Frankreich, Italien, Bundesrepublik Deutschland, USA, Kanada und Japan) zu sehen. Diese gibt es jedoch erst seit März 2014, nachdem Russland aus den vorherigen G8-Staaten ausgeschlossen wurde.

Diese „sieben Berge" sind aber auch sieben Könige, von denen fünf gefallen sind. Ich deute es auf Libyen, Ägypten, Libanon, Syrien und Irak, der eine, der nach »Offenbarung« 17, 10 „ist", könnte sich auf den Iran beziehen. Diese Deutung scheint mir sehr wahrscheinlich, weil sie sich auf einen tatsächlichen Machtwechsel bezieht. Der siebente König ist noch nicht gekommen, scheint sich aber nach »Offenbarung« 17, 10 nicht lange halten zu können (nach 17, 12 und 18, 10, 16 und 19 „eine Stunde"; auf ein 360-Tage-Jahr umgerechnet wären das aber 15 Tage). Damit müsste noch ein entsprechender Machtwechsel gemeint sein. Bei der Gruppe dieser Könige muss es sich nach »Offenbarung« 13, 12 jedenfalls um Vasallen der USA handeln.

In »Offenbarung« 17, 11 wird von dem Tier selbst gesagt, dass es ein achter König aus der Gruppe der Sieben sei, der nach »Offenbarung« 17, 8 war und nicht ist und aus dem Abgrund heraufsteigen wird. Es scheint sich dabei einerseits um den falschen Propheten von »Offenbarung« 13, 11 ff. zu handeln, andererseits aber um einen entmachteten König, der überraschend erneut zur Herrschaft kommt, nachdem er nach »Offenbarung« 13, 3 von einer Todeswunde geheilt wurde (das könnte, muss sich aber nicht auf den siebenten König beziehen). Dieses Ereignis scheint noch auszustehen, jedoch relativ leicht zu identifizieren zu sein.

Die zehn Hörner von »Offenbarung« 17, 3 und 7 bedeuten dann nach 17, 12 ff. zehn Machthaber, die zwar keine wirklichen Herrscher sind, aber mit dem achten König zusammen Herrschaft erlangen, vielleicht als seine Statthalter eingesetzt werden. Es könnte sich aber auch auf eine in Bezug auf das Souveränitätsrecht des Volkes (das Recht des Volkes, jederzeit unübertragbar selbst über seine Verfassung zu entscheiden!) unrechtmäßige Machtübernahme beziehen. Diese ›Könige‹ scheinen nach »Offenbarung« 13, 7. „mit den Heiligen Krieg … <zu> führen und sie … <zu> überwinden". Das muss sich nach Edwin Bernbaum auf den Angriff der „Barbaren" auf Agharti beziehen ([**133**], Seite 250; vergleiche hier Seite 138), dessen hebräischer Name demnach vielleicht nach »Offenbarung« 16, 16 „Armagedon" ist, zumindest handelt es sich bei beiden um Bergfestungen.

Dass die „Hure Babylon" nach »Offenbarung« 17, 3 auf dem Tier sitzt, scheint nur dessen Herkunft aus einer Kolonie Großbritanniens zu bedeuten, wenn es nicht etwa noch ökonomische Gründe hat. Die Aussage in »Offenbarung« 13, 4: „Wer ist dem Tiere gleich?", bezieht sich offensichtlich auf die militärische Stärke der USA. Kommentare zu ihren Verbrechen (von Verschwörung gegen den Weltfrieden über die Folter von Kriegsgefangenen bis zum Massenmord mit Drohnen, wofür offenbar ein Nobelpreis vergeben wurde, obwohl über die Todesstrafe angeblich nur ein Gericht in einem fairen Verfahren entscheiden darf) stimmen inhaltlich mitunter tatsächlich mit dieser Aussage überein.

Das „Bild des Tieres" von »Offenbarung« 13, 14 ff., das der falsche Prophet aufstellen und unter Androhung der Todesstrafe anbeten lässt, ist der berühmte „Greuel der Verwüstung" von »Daniel« 9, 27, auf den Jesus nach »Matthäus« 24, 15 – 22 und »Markus« 13, 14 – 20 (vergleiche dazu jedoch »Jesaja« 22, 1 – 14!) als besonderes Zeichen hinwies. Es scheint ein direkter Zusammenhang dieses Geschehens zu »Offenbarung« 13, 7 zu bestehen, sich aber auf Agharti zu beziehen (siehe oben).

Von besonderem Interesse ist sicherlich noch „die Zahl des Tieres" 666 in »Offenbarung« 13, 16 – 18. Dazu ist zu bemerken, dass es in der »Bibel« wirklich zwei Namen mit dem Zahlenwert 666 gibt (der Zahlenwert eines hebräischen oder griechischen Wortes ergibt sich aus der Addition der als Zahlen gelesenen Buchstaben), nämlich

- Jerimoth aus dem Stamm Benjamin in »1. Chronik« 7, 7; 12, 5 und 27, 10; »2. Chronik« 11, 18 und 31, 13 und
- Sethur aus dem Stamm Aser in »4. Mose« 13, 13 ([**217**], Seite 106 und 172).

Es liegt zwar nahe, darin einen Zusammenhang mit dem bedeutenden jüdischen Bevölkerungsteil in den USA zu sehen, jedoch ist dies nicht zwangsläufig, sondern es könnte sich z.B. auch auf Freimauer beziehen, die sich ja einer jüdischen Begrifflichkeit bedienen („Zion"). Eine über die Möglichkeit (!), dass der Herrscher mit dem Zahlenwert 666 ein Israelit sein wird, hinausgehende Deutung lässt sich aber leider, soweit ich es sehe, nicht erschließen.

Zu den überraschendsten Gemeinsamkeiten der antiken Prophezeiungen über die Endzeit gehört schließlich auch noch die zwischen der Darstellung des Endes eines Zeitalters in Platons Dialog »Politikos« [deutsch: »Der Staatsmann«] mit der in der »Bibel« im Buch der »Offenbarung«. Um diese Gemeinsamkeiten besser sichtbar zu machen, habe ich sie in einer Tabelle gegenüber gestellt:

Platon »Politikos«		»Offenbarung« in der »Bibel«	
Ende des Äons	273e	Ende des eisernen Zeitalters	14, 7
große Erschütterungen	273a	großes Erdbeben	16, 18
Sturz von Kronos	272a f. 274e	Sturz des Satans (Zeus)	20, 10
Auferstehung der Toten	271a f.	Auferstehung der Toten	20, 13
Auswahl ins Paradies	271c	Auswahl ins Paradies	20, 6
Neuen Himmel und neue Erde	270b, 273e	Neuen Himmel und neue Erde	21, 1
König und Staatsmann	268a	König der Könige	17, 14

Tabelle 13: Gemeinsamkeiten von Platons Dialog »Politikos« [deutsch: »Der Staatsmann«] und der »Offenbarung« in der »Bibel« in Bezug auf das Ende des Zeitalters.

Man kann also davon ausgehen, dass sich die angeführten Prophezeiungen auf ein und dasselbe Ereignis beziehen. Natürlich könnte man annehmen, dass es eine Abhängigkeit der Darstellungen voneinander gibt, aber warum sollten die Weissagungen von konkurrierenden Religionen übernommen werden? Zumal dann das Christentum von den griechischen Philosophen, diese ihrerseits aber, wie auch die Buddhisten, von den Hindhus abgeschrieben hätten. Das ist doch höchst unwahrscheinlich. Es bleibt also die Tatsache, dass diese Religionen zu verschiedenen Zeiten übereinstimmende Voraussagen über das Ende unseres Zeitalters gemacht haben, die sich offenbar auf unsere nähere Zukunft beziehen. Jede Deutung muss daher diese übereinstimmenden Prophezeiungen berücksichtigen, wenn sie mit einiger Wahrscheinlichkeit zutreffen soll.

Am überraschendsten ist aber die Abwesenheit eines Exklusivitätsanspruches einer einzelnen Religion, die im alleinigen Besitz der Wahrheit wäre und dadurch allein die Erlösung garantieren würde. Die religiöse Toleranz scheint also ein wichtiger Punkt zu sein, denn weshalb sonst sollte Gott verschiedenen Religionen übereinstimmende Prophezeiungen gegeben haben? Das macht doch nur Sinn, wenn ihre Anhänger die gleiche Chance haben, gerettet zu werden. Es bleibt daher offenbar dem Einzelnen überlassen, sich Klarheit über die Fragen der Religion zu verschaffen und entsprechend zu leben; eine Zwangsmitgliedschaft in einer Kirche dürfte demnach wertlos sein. Die Antwort auf die offenen Fragen dieser Prophezeiungen liegt zwar noch in der Zukunft, es sieht aber für mich so aus, als sollten wir oder spätestens eine der nächsten Generationen nach uns sie am eigenen Leib erfahren. Dazu passt auch, dass wir uns ja am Rande des Wassermann-Zeitalters befinden, dass als eine Zeit des Friedens und der geistigen Entwicklung angesehen wird:

> „Wenn der Mond im siebenten Hause steht
> und Jupiter auf Mars zugeht,
> ist Friede unter den Planeten,
> lenkt Liebe ihre Bahn.
> Genau ab dann regiert die Erde der Wassermann"
> (aus der deutschen Fassung des Musicals »Hair«: »Aquarius«).

Auch dieser Aspekt spricht also dafür, dass wir dem Ende dieses eisernen Zeitalters von Kali ziemlich nahe sind.

Danksagung:

Mein Dank gebührt Jürgen Hutmann, der mir erlaubte, sein Photo für das Titelbild zu benutzen, und in besonderem Maße Alexander Knörr, der die Freundlichkeit besaß ein Vorwort zu diesem Buch zu schreiben.

Quellenverzeichnis

(in der Reihenfolge der Verwendung)

---

[1] Nicholas Roerich: »Shambhala«, 1930, Revised Edition Rochester Vermont 1990 (englisch)

[2] Walter Marg (Übersetzer): Herodot »Historien« (2 Bände), München 1991

[3] Karl Albert (Herausgeber): »Hesiod Theogonie« in: »Texte zur Philosophie Band 1«, 4. Auflage Sankt Augustin 1990

[4] Nicholas Roerich: »Altai-Himalaya«, First Published 1929, Reprinted Delhi 1996 (englisch)

[5] Johann Heinrich Voss (Übersetzer): Homer »Ilias Odyssee«, München (ohne Jahresangabe)

[6] »Die Bibel Die heilige Schrift aus dem Grundtext übersetzt« 73. Auflage, Wuppertal 1990

[7] E. A. E. Reymond: »The Mythical Origin of Egyptian Temple«, New York 1969 (englisch)

[8] R.T.H. Griffith (Übersetzer), Ravi Prakash Arya (Herausgeber): »Yajurveda Samhita«, Fifth Reprint Delhi 2013 (englisch)

[9] Christian Gottlob Moser (Übersetzer): »Apollodor's Mythologische Bibliothek«, Stuttgart 1828

[10] Karlheinz Hülser (Herausgeber): Platon »Philebos - Timaios – Kritias« in: »Sämtliche Werke VIII«, Frankfurt a.M. und Leipzig 1991

[11] Gerald P. Verbrugghe & John M. Wickersham: »Berossos and Manetho«, Michigan 2003 (englisch)

[12] W.G. Waddell (Übersetzer): »Manetho« in: »Loeb Classical Library«, Reprint London 2004 (englisch)

[13] G.P. Singh: »Early Indian Historical Tradition and Mythology«, First Published in India New Delhi 1994 (englisch)

[14] M.N. Dutt (Übersetzer): »Mahābhārata Sanskrit Text with English Translation« (9 Volumes), in: »Primal Sanskrit Series« No.60, second revised Edition, Delhi 2006 (sanskrit und englisch), im Internet unter: http://sacred-texts.com/hin/maha/index.htm (sanskrit und englisch)

(08.08.2014) bzw. http://www.mahabharata.pushpak.de/ (deutsch) (08.08.2014)

[15] Dr. Adolf Wahrmund (Übersetzer): »Diodor's von Sizilien Geschichts-Bibliothek«, Stuttgart 1866

[16] Paul Schnabel: »Berossos und die Babylonisch-Hellenistische Literatur«, Leipzig Berlin 1923, Reprint Milton Keynes UK 2010

[17] Arthur Berridale Keith: »Krishna (Black) Yajur Veda« (ohne Orts und Jahresangabe (USA 2014) (englisch)

[18] Hanns Fischer: »In mondloser Zeit«, Bad Harzburg 1928

[19] Ralph Th. Griffith (Übersetzer): »Hymns Of The Rigveda Translated With A Popular Commentary« (2 Volumes), first published 1889, complete revised and enhenced Edition New Delhi 1987, im Internet unter: http://www.sacred-texts.com/hin/rigveda/index.htm (29.05.2014) (englisch)

[20] Karlheinz Hülser (Herausgeber): Platon »Sophistes Politikos« in: »Sämtliche Werke VII«, Frankfurt a.M. und Leipzig 1991

[21] G. Bühler (Übersetzer), Friedrich Max Müller (Herausgeber): »The Laws of Manu« in: »Sacred Books of the East« Vol. 25, First Edition Oxford 1886, Reprint Edition Delhi 2006 (englisch)

[22] M.N. Dutt (Übersetzer), Dr. R.N. Sharma (Herausgeber): »Manusmrti«, First Reprint Edition Varanasi 2010 (englisch)

[23] Steven Knapp: »Avatars, Gods and Goddesses of Vedic Culture«, ohne Ortsangabe 2010 (englisch)

[24] Dr. Siddheswar Jena M.A. PH.D.(Übersetzer): »Narasimha Purāna«, 11. Edition, Delhi 2009 (englisch)

[25] http://en.wikipedia.org/wiki/Brahma_Samhita (31.07.2014) (englisch)

[26] J.M. Sanyal (Übersetzer): »The Srimad Bhagavatam« (2 Volumes), Originally Published 1970, this Edition New Delhi 2000 (englisch)

[27] His Divine Grace A.C. Bhaktivedanta Swami Prabupada: »Kṛṣṇa Die Quelle Aller Freude« (2 Bände), ohne Ortsangabe 1987

[**28**] Julius Jolly (Übersetzer) F. Max Müller (Herausgeber): »The Institzutes Of Vishnu« in: »Sacred Books Of The East« Vol. 7, First Published 1880, Reprint Delhi 2008 (englisch)

[**29**] His Divine Grace A.C. Bhaktivedanta Swami Prabhupada: »Srimad Bhagavatam« Vierter Canto (erster Teil – Kapitel 1 – 19), Vaduz 1984 (deutsch), im Internet unter: http://vaniquotes.org/wiki/Many_demigods_such_as_Lord_Brahma_seek_the_pleasure_of_the_goddess_of_fortune,_but_the_goddess_of_fortune_herself,_with_a_lotus_flower_in_her_hand,_is_always_ready_to_render_service_to_the_Supreme_Lord (31.07.2014) (englisch)

[**30**] Dr. G.V. Tagare (Übersetzer), Prof. J.L. Shastri (Herausgeber): »The Bhagavata Purana« (5 Parts) in: »Ancient Indian Tradition And Mythology« Vol.7 – 11, first Editions 1976 – 1978, Reprints 2003 – 2011 (englisch)

[**31**] David Frawley: »Gods Sages And Kings Vedic Secrets Of Ancient Civilisation«, Delhi 1993, Reprint 2003 (englisch)

[**32**] F. Max Müller (Übersetzer und Herausgeber): »The Upanishads« (2 Parts), in: »The Sacret Books oft the East« Vol. 1 und 15, New York 1962, Reprint ohne Jahresangabe (englisch)

[**33**] Julius Eggeling (Übersetzer), F. Max Müller (Herausgeber): »The Satapatha Brahmana« Part V, in: »Sacred Books of the East« Vol. XLIV, First Published 1900, Reprinted Delhi 1996, 2009 (englisch)

[**34**] H.H. Wilson (Übersetzer), N.S. Singh (Herausgeber): »The Vishnu Purana« (2 Volumes), First Edition 1980, Reprint Delhi 2003 (englisch)

[**35**] Georg Bühler (Übersetzer) F. Max Müller (Herausgeber): »The Sacred Laws Of The Âryas« (2 Parts) in: »Sacred Books Of The East« Vol. 2 und 14, First Published 1879, Reprint Delhi 2007 (englisch)

[**36**] http://en.wikipedia.org/wiki/Mahabali#Genesis_of_Onam   (09.10.2014) (englisch)

[**37**] Subodh Kapoor (Herausgeber): »Vedas For Beginners«, New Delhi 2008 (englisch)

[**38**] Shridhar Balooni & Pratosh Panda (Übersetzer), Dr. G.P. Bhatt (Herausgeber): »The Skanda Purana« Part XXII, in: »Ancient Indian Tradition And Mythology« Vol. 70, First Edition Delhi 2010 (englisch)

[**39**] Dr. G.V. Tagare (Übersetzer), Dr. G.P. Bhatt (Herausgeber): »The Vayu Purana« Part II in: »Ancient Indian Tradition And Mythology« Vol. 38, First Edition Delhi 1988, Reprint Delhi 2005 (englisch)

[**40**] Prof. B.N. Shastri (Übersetzer), Surendra Pratap (Herausgeber): »The Kalikapurana«, 2. Auflage Delhi 2008 (englisch)

[**41**] Dr. G.V. Tagare (Übersetzer), Dr. G.P. Bhatt (Herausgeber): »The Skanda Purana« Part IX, in: »Ancient Indian Tradition And Mythology« Vol. 57, First Edition Delhi 1996 (englisch)

[**42**] Maier/Schubert: »Die Qumran-Essener«, München 1982

[**43**] Herwig Görgemanns (Übersetzer und Herausgeber): Plutarch »Drei religionsphilosophische Schriften Griechisch-deutsch« Düsseldorf Zürich 2003

[**44**] Dr. G.V. Tagare (Übersetzer), Dr. G.P. Bhatt (Herausgeber): »The Skanda Purana« Part XIX, in: »Ancient Indian Tradition And Mythology« Vol. 67, First Edition Delhi 2003 (englisch)

[**45**] Erwin Rousselle (Übersetzer): Lao Tse »Führung und Kraft aus der Ewigkeit« (das »Tao te King«), Frankfurt a.M. 1985

[**46**] Thassilo von Scheffer (Übersetzer): »Apollonios Rhodios Die Argonauten«, Wiesbaden 1947

[**47**] Vettam Mani: »Puranic Encyclopedia«, 9th Reprint Delhi 2010 (englisch)

[**48**] Shanti Lal Nagar (Herausgeber): »Harivamsa Purana« (Text with English translation Notes and Index)« (3 Volumes), Delhi 2012 (englisch)

[**49**] http://www.theoi.com/image/img_okeanos.jpg (29.05.2014)

[**50**] M.S. Purnalingam Pillai: »Tamil India«, original published 1926, Reprint Chennai 1999 (englisch)

[**51**] Walter Marg und andere (Übersetzer): »Hesiod - Vergil - Ovid Werke und Tage Vom Landbau Liebeskunst«, in: »Bibliothek der Antike«, München 1990

[**52**] Paramesh Choudhuri: »The India We Have Lost« (2 Volumes), Daksinpara, Barasat, Kolkata 2009 (englisch)

[**53**] http://www.the-truth-seekers.org/Sunda_files/image004.jpg (29.05.2014)

[54] Stephanie Dalley (Übersetzerin): »Myths From Mesopotamia«, Glasgow 1991 (englisch)

[55] Arthur Berriedale Keith (Übersetzer): »Rigveda Brahmanas«, New York 1976 (englisch)

[56] Martin Haug PH.D. (Übersetzer und Herausgeber): »The Aitareya Brahmanam Of The Rigveda«, Bombay 1863, Reprint USA (ohne Orts- und Jahresangabe) (englisch)

[57] B.G. Sidharth: »The Celestial Key To The Vedas«, Rochester, Vermont 1999 (englisch)

[58] John W. McCrindle: »Ancient India as Described by Megasthenes and Arrian«, Reprint New Delhi (ohne Jahresangabe) (englisch)

[59] http://www.harekrsna.de/artikel/veden.htm (30.08.2014)

[60] P.J. Wiseman: »Die Entstehung der Genesis«, 5. Auflage Wuppertal und Zürich 1989

[61] Sri Bhumipati Dasa (Übersetzer): »Sri Kalki Purana«, ohne Orts- und Jahresangabe (englisch)

[62] E. Burgess (Übersetzer), S. Jain (Herausgeber): »Surya-Siddhanta«, Delhi 2005 (englisch)

[63] Dr. W. Caland (Übersetzer): »Pañcaviṃśa-Brāhmana«, First Published in 1931, Reprinted Calcutta 1982 (englisch)

[64] Felix Genzmer (Übersetzer), Ulf Diederichs (Herausgeber): »Germanische Götterlehre Nach den Quellen der Lieder- und der Prosa-Edda«, 4. Auflage München 1991

[65] Jane B. Sellers: »The Death Of Gods In Ancient Egypt«, revised Edition, Milton Keynes UK 2010 (englisch)

[66] K.C. Aryan and S. Aryan: »The Aryans History Of Vedic Period«, First Ediotion New Delhi 1998 (englisch)

[67] Otto Kaiser und andere (Herausgeber): »Texte aus der Umwelt des Alten Testamentes« Band III Lieferung 4, »Mythen und Epen II«, Gütersloh 1994

[68] Emil Kautzsch (Herausgeber): »Die Apokryphen und Pseudepigraphen des Alten Testamentes« (2 Bände), Tübingen 1900, 4. Unveränderter Nachdruck Hildesheim New York 1975

[69] http://www.bunkahle.com/Aktuelles/Astrologie/Planet_X_Nibiru.html (29.05.2014)

[70] »Sterne und Weltraum« Heft 7/1995 (Kopie von Lars Fischinger am 28.07.2008 per Email erhalten, dem ich an dieser Stelle noch einmal dafür danke)

[71] E-Mail von Lars Fischinger an mich vom 29.07.2008

[72] http://www.michaelsheiser.com/va_243%20page.htm   (29.05.2014) (englisch)

[73] http://de.wikipedia.org/wiki/Asteroideng%C3%BCrtel (14.10.2014)

[74] Dr. Lenelotte Möller & Dr. theol. habil. Manuel Vogel (Herausgeber), Prof. Dr. G.C. Wittstein (Übersetzer): »Die Naturgeschichte des Caius Plinius Secundus«, zuerst herausgegeben Leipzig 1881, revidierte Ausgabe Wiesbaden 2007

[75] Dr. Joseph Karst: »Die Chronik« in: »Eusebius Werke fünfter Band«, Leipzig 1911

[76] Otto und Eva Schönberger (Übersetzer und Herausgeber): Seneca »Naturalis questiones Naturwissenschaftliche Untersuchungen Lateinisch/Deutsch«, Stuttgart 1998

[77] Sumathi Ramaswamy: »The Lost Land of Lemuria Fabulous Geographies, Catastrophic Histories«, Berkeley, Los Angeles, London 2004 (englisch)

[78] Michael Witzel Und Toshifumi Gotō: »Rig-Veda Das Heilige Wissen Erster Und Zweiter Liederkreis«, 2. Auflage Frankfurt a.M. und Leipzig 2013

[79] Hans-Jürgen Hube (Übersetzer und Herausgeber): »Snorri Sturluson: ‚Heimskringla‘ Sagen Der Nordischen Könige«, Wiesbaden 2006

[80] K.K. Pillay: »Historical Heritage Of The Tamils«, first published 1979, Reprint Chennai 2008 (englisch)

[81] Paul A. LaViolette PH.D.: »Earth Under Fire«, originally Published 1997, reprint Rochester, Vermont, 2005 (englisch)

[82] John Michael Greer: »Atlantis Ancient Legacy, Hidden Prophecy«, Woodbury MN 2007 (englisch)

[83] Michael Brandt: »Wie Alt Ist Die Menschheit?«, 2.Auflage, ohne Ortsangabe 2006

[84] E. v. Starck: »Babylonien und Assyrien nach ihrer alten Geschichte und Kultur«, Marburg a.L. 1907

[85] http://www.seti-astronautik.de/oannes.htm (29.05.2014)

[86] Dr. A. Forbiger (Übersetzer): Strabo »Erdbeschreibung« (2 Bände), 2.Auflage, Berlin (ohne Jahresangabe)

[87] Christian M. Schoppe und Siegfried G. Schoppe: »Atlantis und die Sintflut«, Norderstedt 2004

[88] R.A. Schwaller de Lubicz: »Sacred Science The King Of Pharaonic Theocracy«, 1961, 1.Paperback Ausgabe Rochester VT 1988 (englisch)

[89] Frank Joseph: »The Atlantis Encyclopedia«, Franklin Lakes NJ 2005 (englisch)

[90] Alan F. Alford: »When The Gods Came Down«, London 2000 (englisch)

[91] Klaus Aschenbrenner: »Die Antiliden Auf den Spuren der ersten technischen Hochzivilisation«, Augsburg 1996

[92] Alec Maclellan: »Die Verlorene Welt Von Agharti«, Rottenburg 1998

[93] Eduard Meyer: »Die Ältere Chronologie Babyloniens, Assyriens und Ägyptens« Nachtrag zum ersten Bande der Geschichte des Altertums, Stuttgart und Berlin 1931

[94] Mary Settegast: »Plato Prehistorian«, Hudson, New York, 1990 (englisch)

[95] Pandit D. Savariroyan (Herausgeber): »The Tamilian Antiquity« Vol. II, No.1, first Published 1913, 3rd Reprint New Delhi 2004 (englisch)

[96] V. Kanakasababhai: »The Tamils Eighteen Hundred Years Ago«, first Published 1904, Reprint Milton Keynes UK 2013 (englisch)

[97] (Ohne Autorenangabe): »Sangam Literature«, Memphis, Tennesee, 2010 (englisch)

[98] Stephen Oppenheimer: »Eden in the East«, London 1998 (englisch)

[99] Wolfgang Ebert (Herausgeber): »Jäger verlorener Schätze«, München 2004

[100] Ferdinand Speidel: »Von Atlantis zur Welt der Riesen«, ohne Ortsangabe 2012

[101] Emmet Sweeney: »Atlantis: The Evidence of Science«, New York 2010 (englisch)

[102] http://www.mauler.info/khaire/abb/okeanos.jpg (29.05.2014)

[103] L.W. King (Herausgeber): »Enuma Elish The Seven Tablets Of Creation« Volume One and Two, London 1902, Reprint 1999 (englisch)

[104] Richard Wilhelm (Übersetzer): Liä Dsï »Das wahre Buch vom quellenden Urgrund«, Düsseldorf Köln, 1972, im Internet unter: http://www.zeno.org/Philosophie/M/Liezi+(Li%C3%A4+Dsi)/Das+wahre+ Buch+vom+quellenden+Urgrund (17.10.2014)

[105] Richard Seelisch und Wilhelm Hertzberg (Übersetzer) und Wolfgang Hering, Liselot Huchthausen und Werner Krenkel (Herausgeber): »Vergil Werke in einem Band«, Berlin und Weimar 1965

[106] Luise und Klaus Hallof (Übersetzer): Hesiod »Werke«, Berlin und Weimar 1994

[107] Wolfgang Cordan (Übersetzer): »Popol Vuh Das Buch des Rates«, 5.Auflage, Köln 1987

[108] Paul Arnold: »Das Totenbuch der Maya«, München 1978

[109] Frank Waters: »Das Buch der Hopis«, 5. Auflage, Köln 1986

[110] Alexandra David Neel & Lama Yongden: »The Superhumen Life of Gesar of Ling«, Originally published Boulder 1981, Reprint Boston & London 1987 (englisch)

[111] Manmath Nath Dutt (übersetzer): Valmiki »Ramayana« (4 Volumes), Calcutta 1894, Reprinted New Delhi 1987 (englisch)

[112] R. Suchier (Übersetzer): Ovid »Werke« (2 Bände), Band I, Berlin und Weimar 1992

[113] Robert Charroux: »Die Meister der Welt«, München/Zürich 1980

[114] Uwe Topper: »Das Erbe der Giganten Untergang und Rückkehr der Atlanter«, Freiburg im Breisgau 1977

[115] A. Hoyle Lester: »The Pre-Adamite Or, Who Tempted Eve?: Scripture And Science In Unison As Respects The Antiquity Of Man«, Philadelphia 1875, Neudruck 2010 (englisch)

[116] M.D. Muthukumaraswamy (Herausgeber): »Indian Folklore Research Journal« Vol.1 No.4 Chennai (India) 2004

[117] Dr. G.V. Tagare (Übersetzer), Dr. G.P. Bhatt (Herausgeber): »The Skanda Purana« Part I, in: »Ancient Indian Tradition And Mythology« Vol. 49, First Edition Delhi 1992, Reprint Delhi 2007 (englisch)

[118] Ein Forum Gelehrter (Übersetzer), Prof. J.L. Shastri (Herausgeber): »The Brahma Purana« Part I, in: »Ancient Indian Tradition And Mythology« Vol. 33, First Edition Delhi 1985, Reprint Delhi 2010 (englisch)

[119] L.H. Mills (Übersetzer), F. Max Müller (Herausgeber): »The Zend-Avesta« Part III in: »The Sacred Books Of The East« Vol. XXXI, First Published 1880, Reprinted Delhi 1996/2007 (englisch)

[120] A Taluqdar of Oudh (Übersetzer): »The Matsya Purana« (2 Volumes), First Edition Allahabad 1916-17, Reprinted Delhi 2009 (englisch)

[121] Rajesh Kochhar: »Vedic People Their History and Geography«, New Delhi 2000 (englisch)

[122] H.H. Wilson (Übersetzer): »Rgveda Samhita«, 2. Erweiterte Auflage (7 Volumes), Delhi 1990 (englisch)

[123] Theodor Hopfner (Übersetzer): Plutarch »Über Isis und Osiris« (2 Bände), Prag 1940

[124] Karl Friedrich Geldner (Übersetzer): »Der Rig-Veda« (4 Teile), Cambridge, Massachusetts 1951, im Internet unter: http://www.thombar.de/ (29.05.2014)

[125] Immanuel Velikovsky: »Welten im Zusammenstoß« Stuttgart Salzburg 1951

[126] Swami Satya Prakash Saraswati und Satyakam Vidyalankar (Übersetzer): »Rigveda« (12 Volumes) Delhi 2011 (englisch)

[127] Bal Gangadhar Tilak: »The Orion, Or, Researches Into The Antiquity Of The Vedas« 1893, Reprint Delhi 2008 (englisch)

[128] Giuseppe Maria Sesti: »Die Geheimnisse des Himmels Geschichte und Mythos der Sternbilder«, Köln 1991

[**129**] http://www.bibelkommentare.de/index.php?page=dict&article_id=1838 (04.10.2014)

[**130**] J.F. Blumrich: »Kasskara und die sieben Welten«, München 1985

[**131**] Dr. Albert Schott (Übersetzer): »Das Gilgamesh Epos« Leipzig 1934

[**132**] Dr. G.V. Tagare (Übersetzer), Dr. G.P. Bhatt (Herausgeber): »The Skanda Purana« Part X, in: »Ancient Indian Tradition And Mythology« Vol. 58, First Edition Delhi 1996 (engtlisch)

[**133**] Edwin Bernbaum: »Der Weg nach Shambhala«, 2. Auflage Freiburg i.Br. 1995

[**134**] Dr. G.V. Tagare (Übersetzer), Dr. G.P. Bhatt (Herausgeber): »The Skanda Purana« Part XVIII in: »Ancient Indien Tradition and Mythology« Vol. 66, First Edition Delhi 2003 (englisch)

[**135**] Bal Gangadhar Tilak: »Arctic Home in the Vedas«, published Pune 1903, 21st Millenium Edition Delhi 2005 (englisch)

[**136**] Ralph T.H. Griffith (Übersetzer): »The Texts oft he White Yajurveda or Vajasaneya Samhita«, First Published 1899, complete revised and enlarged edition Delhi 1987 (englisch)

[**137**] Dr. Tulsi Ram M.A., PH. D. (London): »The Hymns Of Yayurveda«, Delhi 2011 (englisch)

[**138**] Ralph T.H. Griffith (Übersetzer): »Hymns of the Atharvaveda« (2 Volumes), Neuausgabe New Delhi 2002 (englisch)

[**139**] Dr. G.V. Tagare (Übersetzer), Dr. G.P. Bhatt (Herausgeber): »The Skanda Purana« Part III in: »Ancient Indian Tradition And Mythology« Vol. 51, First Edition Delhi 1993, Reprint Delhi 2012 (englisch)

[**140**] Dr. G.V. Tagare (Übersetzer), Dr. G.P. Bhatt (Herausgeber): »The Skanda Purana« Part V in: »Ancient Indien Tradition and Mythology« Vol. 53, First Edition Delhi 1994 (englisch)

[**141**] Dr. G.V. Tagare (Übersetzer), Prof. J.L. Shastri (Herausgeber): »The Kurma Purana« Part I in: »Ancient Indian Tradition And Mythology« Vol. 20, First Edition Delhi 1981, Reprint Delhi 2005 (englisch)

[**142**] Helene E. Hagan: »The Shining Ones« ohne Ortsangabe 2000 (englisch)

[143] Dr. G.V. Tagare (Übersetzer), Dr. G.P. Bhatt (Herausgeber): »The Skanda Purana« Part VIII in: »Ancient Indien Tradition and Mythology« Vol. 56, First Edition Delhi 1995 (englisch)

[144] http://jataka.nibbanam.com/Band_IV/j442.htm (30.08.2014)

[145] B.K. Chaturvedi: »Devi Bhagwat Purana«, New Delhi 2010 (englisch)

[146] R.O. Faulkner (Übersetzer): »The Ancient Egyptian Pyramid Texts«, Spezial Edition, Oxford 1998 (englisch)

[147] Ruth Berger: »Wie kamen die indogermanischen Sprachen nach Europa?« in: »Spectrum der Wissenschaft« 8/10, Heidelberg 2010

[148] Kai Helge Wirth: »Der Ursprung der Sternzeichen« Deutschland (Ohne Ortsangabe) 2000

[149] Arthur Antony Macdonell (Übersetzer): »The Brhad-Devata Attributed To Saunaca« (2 Parts), First issue 1904, Second Issue Delhi Varanasi Patna 1965 (englisch)

[150] Brien Forster: »The Enigma Of Tiwanaku And Puma Punku A Visitors Guide«, Ohne Ortsangabe 2013 (englisch)

[151] http://www.agrw-netz.de/reload.htm?Tiahuanaco%2013.htm (28.09.2014)

[152] Athanasius Kircher: »Mundus Subterraneus«, Amsterdam 1678 (lateinisch)

[153] http://www.rp-online.de/panorama/wissen/warum-ist-auf-karten-der-norden-immer-oben-aid-1.2281080 (02.07.2014)

[154] Thorwald C. Franke: »Mit Herodot auf den Spuren von Atlantis«, Norderstedt 2006

[155] Charles Hapgood: »The Path of the Pole«, 1. britische Ausgabe, London 2001 (englisch), früher erschienen unter dem Titel: »Earth's Shifting Crust«, New York 1958 (englisch)

[156] A. Hohenberger: »Die Indische Flutsage Und Das Matsyapurana«, Leipzig 1930

[157] M.S. Purnalingam Pillai: »Ravana the Great King of Lanka«, original published 1928, Reprint Delhi 2013, im Internet: http://archive.org/stream/ravanathegreatki004127mbp#page/n21/mode/2up (29.05.2014) (englisch)

[**158**] Dr. Naval Viyogi: »Nagas: The Ancient Rulers Of India«, New Delhi 2002 (englisch)

[**159**] Dr. Ved Kumari: »The Nilamata Purana« (2 Volumes), Srinagar Jammu 1968 (englisch)

[**160**] Swami Vijayanand (Übersetzer): »Srimad-Devibhagavatam« (2 Volumes), Reprinted Delhi 2011 (englisch)

[**161**] E.W. West (Übersetzer), F. Max Müller (Herausgeber): »Pahlavi Texts« Part I in: »The Sacred Books Of The East« Vol. V, First Published 1900, Reprinted Delhi 1996, 2009 (englisch)

[**162**] E.W. West (Übersetzer), F. Max Müller (Herausgeber): »Pahlavi Texts« Part II in: »The Sacred Books Of The East« Vol. XVIII, First Published 1882, Reprinted Delhi 1996, 2009 (englisch)

[**163**] E.W. West (Übersetzer), F. Max Müller (Herausgeber): »Pahlavi Texts« Part III in: »The Sacred Books Of The East« Vol. XXIV, First Published 1886, Reprinted Delhi 1996 (english)

[**164**] James Darmesteter & L.H. Mills (Übersetzer), F. Max Müller (Herausgeber): »The Zend-Avesta« Part I in: »The Sacred Books Of The East« Vol. IV, First Published 1887, Reprinted Delhi 1995, 2006 (englisch)

[**165**] Shrikant G. Talageri: »The Rigveda and The Avesta The final Evidence«, First Published 2008, First Reprint New Delhi 2010 (englisch)

[**166**] E.W. West (Übersetzer), F. Max Müller (Herausgeber): »Pahlavi Texts« Part V in: »The Sacred Books Of The East« Vol. XLVII, First Published 1897, Reprinted Delhi 1996, 2010 (englisch)

[**167**] Ignatius Donnelly: »The Destruction Of Atlantis«, zuerst veröffentlicht New York 1883, Reprint New York 2004 (englisch)

[**168**] Heinrich und Ingrid Kusch: »Tore zur Unterwelt«, Graz 2009

[**169**] Lewis Stanton Palen (Übersetzer): Ferdinand Ossendowski »Beasts Men and Gods«, 1921, Reprint 2008 (englisch)

[**170**] Robert Bauval Graham Hancock: »Der Schlüssel zur Sphinx«, Rottenburg 2008

[171] Willi Grömling: »Tibets altes Geheimnis Gesar Ein Sohn des Himmels«, 3.Auflage, Groß-Gerau 2010

[172] Lokmanya Bal Gangadhar Tilak B.A., LL.B.: »Vedic Chronology And Vedanga Jyotish«, New Delhi 2004 (englisch)

[173] Shanti Lal Nagar (Übersetzer): »Siva Mahapurana« (3 Volumes), Delhi 2007 (englisch)

[174] J.D.P. Bolton: »Aristeas of Proconnessus«, New York 1962 (englisch)

[175] http://commons.wikimedia.org/wiki/File:Ganges-Brahmaputra-Meghna_basins.jpg (22.11.2014)

[176] http://de.wikipedia.org/wiki/Wyvern (30.08.2014)

[177] J.O. Plassmann (Übersetzer): »Orpheus Altgriechische Mysterien«, Köln 1982

[178] Hermann Ahlert: »Sternbilder in Märchen und Sage«, Berlin 1954

[179] Jürgen Wüllrich (Übersetzer): Hyginus »Von der Astronomie (De Astronomia)«, Norderstedt 2009

[180] Otto und Eva Schönberger (Übersetzer): Ambrosius Theodosius Macrobius »Tischgespräche am Saturnalienfest«, Würzburg 2008

[181] Colin Wilson: »From Atlantis to the Sphinx«, updated edition, London 2007 (englisch)

[182] Shridhar Balooni & Pratosh Panda (Übersetzer), Dr. G.P. Bhatt (Herausgeber): »The Skanda Purana« Part XXI, in: »Ancient Indian Tradition And Mythology« Vol. 69, First Edition Delhi 2009 (englisch)

[183] Giorgio de Santillana & Hertha von Dechend: »Hamlet's Mill An essay on myth and the frame of time«, Boston, Seventh Printing 2005 (englisch)

[184] http://www.astrogems.com/wallpapers/vishnu/vishnu_40.jpg (02.08.2014)

[185] Karl Simrock (Übersetzer), Dr. Hans Kuhn (Bearbeiter): »Die Edda« (3 Bände in einem), zweite Auflag, Leipzig 1938

[186] Wolfgang Gerlach und Karl Bayer (Übersetzer und Herausgeber): Cicero »Vom Wesen der Götter«, München 1978

[187] Karlheinz Hülser (Herausgeber): Platon »Symposion Phaidon« in: »Sämtliche Werke IV«, Frankfurt a.M. und Leipzig 1991

[188] Indra Sinha (Übersetzer): »The Loveteachings Of Kama Sutra«, New York 1980 (englisch)

[189] E.W. West (Übersetzer), F. Max Müller (Herausgeber): »Pahlavi Texts« Part IV in: »The Sacred Books Of The East« Vol. XXXVII, First Published 1892, Reprinted Delhi 1996, 2009 (englisch)

[190] Dr. Heinrich Clemens (Übersetzer): Flavius Josephus »Kleinere Schriften«, Wiesbaden 1995

[191] Swamini Atmaprajnananda Saraswati: »Nomenclature of The Vedas«, New Delhi 2012 (englisch)

[192] Devi Chand (Übersetzer): »The Yajurveda«, Seventh Impression, New Delhi 2009 (Sanskrit und englisch)

[193] Devi Chand (Übersetzer): »The Atharvaveda«, New Delhi 2007 (Sanskrit und englisch)

[194] Julius Eggeling (Übersetzer), F. Max Müller (Herausgeber): »The Satapatha Brahmana« Part II, in: »Sacred Books of the East« Vol. XXVI, First Published 1885, Reprinted Delhi 1996, 2009 (englisch)

[195] Julius Eggeling (Übersetzer), F. Max Müller (Herausgeber): »The Satapatha Brahmana« Part III, in: »Sacred Books of the East« Vol. XLI, First Published 1894, Reprinted Delhi 1996, 2009 (englisch)

[196] N. Gangadharan (Übersetzer), Dr. G.P. Bhatt (Herausgeber): »The Agni Purana« Part IV, in: »Ancient Indian Tradition And Mythology« Vol. 30, First Edition Delhi 1987 (englisch)

[197] Ganganatha Jha, M.A. (Übersetzer): »Slokavarttika«, First Published 1908, Reprinted Calcutta 1985 (englisch)

[198] Dibek Debroy & Dipavali Debroy: »The Atharva Veda« in: »Great Epics of India: Veda 1«, First Published 1994, Reprinted 2003 (englisch)

[199] Alfred Hillebrandt: »Vedische Mythology Kleine Ausgabe«, Breslau 1910

[200] Paul Deusen: »Sixty Upanishads of the Veda« (2 Volumes) Translated from German by V.M. Bedekar & G.B. Palsule, deutsche Ausgabe Leipzig 1897, First Indian Edition Delhi 1980, Reprint Delhi 2010 (englisch)

[201] Shantilal Nagar (Übersetzer): »Jain Rāma Kathā Or Patma Purāṇa« (2 Volumes), First Edition Delhi 2008 (englisch)

[202] S. VenkitasubramoniaIyer (Übersetzer), Prof. J.L. Shastri (Herausgeber): »The Varaha Purana« Part I, in: »Ancient Indian Tradition And Mythology« Vol. 31, First Edition Delhi 1985, Reprint Delhi 2003 (englisch)

[203] Louis Pauwels & Jacques Bergier: »Aufbruch ins dritte Jahrtausend«, zitiert bei: http://www.mysteria3000.de/2006/agarthi-von-theosophen-thule-und-erich-von-daniken/ (23.02.2014)

[204] René Guénon: »The King of the World«, originally published in french 1958, second english impression Hillsdale NY 2004 (englisch)

[205] Robert Ernst Dickhoff: »Agharta«, Boston 1951 (englisch)

[206] http://de.wikipedia.org/wiki/Huangdi (31.07.2014)

[207] A.G. Galanopoulos, Edward Bacon: »Die Wahrheit über Atlantis«, München 1976

[208] Edwin S. Ramage (Herausgeber): »Atlantis Mythos Rätsel Wirklichkeit?« Frankfurt a.M. 1979

[209] Peter Nowak: »Sie besiegten Atlantis Die Geschichte der Pelasger aus Antiken Quellen abgeleitet«, Norderstedt 2012

[210] Julius Eggeling (Übersetzer) F. Max Müller (Herausgeber): »The Satapatha Brahmana« Part I, in: »Sacred Books of the East« Vol. XII, First Published 1882, Reprinted Delhi 1996, 2007, 2012 (englisch)

[211] http://www.dnaindia.com/scitech/report-dna-shows-ancient-humans-related-to-asians-and-native-americans-1791909?utm_source=twitterfeed&utm_medium=twitter (29.05.2014) (englisch)

[212] Swami Parmeshwaranand: »Encyclopedic Dictionary of Puranas« (5 Volumes) New Delhi 2001 (englisch)

[213] http://www.godlikeproductions.com/forum1/message2487113/pg1 (04.09.2014)

[214] http://www.eterna.sl/stammhirntyp.html (11.08.2014)

[215] Hans Zbinden (Übersetzer aus dem Französischen): Alexis de Tocqueville: »Über die Demokratie in Amerika« (2 Bände), Zürich 1987

[216] https://archive.org/details/newenglandsmemor00m (11.08.2014) (englisch)

[217] Heinz Schumacher (Herausgeber): »Die Namen der Bibel und ihre Bedeutung im Deutschen«, 1. Auflage Stuttgart 1958, 4. Auflage Stuttgart 1970